Not for Free

Saul J. Berman

NOT FOR FREE: Revenue Strategies for a New World by Saul J. Berman

Original work Copyright ©2011 by Saul J. Berman
This Korean edition was published by Dasan Books in 2012 by arrangement with Harvard
Business Review Press through KCC(Korea Copyright Center Inc.), Seoul.

이 책은 (주)한국저작권센터(KCC)를 통한 저작권자와의 독점계약으로
다산북스(Dasan Books U.S. Joyful Stories)에서 출간되었습니다.
저작권법에 의해 한국 내에서 보호를 받는 저작물이므로 무단 전재와 복제를 금합니다.

새로운 시대의
수익 창출 전략

Saul J. Berman

Not for Free

낫 포 프리

사울 J. 버먼 지음 | 김성순 옮김

달섬
북스

일러두기

—

1. 인명, 기업명 등 고유명사는 해당 명사의 우측 상단에, 처음 나올 때만 원어를 병기했다.
   (예: 타임워너케이블^{Time Warner Cable})
2. 마케팅 용어나 약어는 해당 용어 뒤 괄호 안에 원어를 병기했다.
   (예: VALS(Values and Lifestyle)분류법)
3. 이 책에 등장하는 책제목 중 국내 번역 출간 도서는 한국어판 제목과 원제를 병기했고, 미출간 도서
   는 원제목을 직역하고 원어를 병기했다.
4. 이 책에서 지은이가 단 주석은 숫자로 표기했고, 번역자가 단 주석은 *로 표기했다.
5. 문장 부호는 다음의 기준에 맞춰 사용했다.
   『 』: 단행본, 「 」: 신문, 잡지, 정기간행물, 보고서, 논문, 〈 〉: 영화, 음반, 게임, 방송프로그램

변화의 지도를
미리 확보하라

　닷컴기업들이 무수하게 몰락하던 시절에는, 신생 기업들이 확실한 비즈니스 계획 없이 수익을 창출할 수 있다고 주장해도 기업과 투자자들이 이상하게 생각하지 않았다. 너무나 많은 신생기업들이 비즈니스 계획을 제대로 세우지 않고 사업을 시작했기 때문에 신생 기업들은 대부분 그럴 것이라 생각했다. 그러므로 신생기업이나 기존 기업에서 분사한 회사들에 대한 빈정거림에도 타당한 이유가 있었다. 사업에 성공하기 위해서는 당연히 경쟁시장에서 수익을 낼 수 있는 구체적인 비즈니스 계획, 즉 사업 모델이 있어야 한다. 하지만 지난 십 년을 돌아보니, 경쟁시장 현실에 맞는 사업 모델을 개발하지 않고서도 눈에 띄게 성공하여 성과를 보여주고 있는 기업이 있었다.

지금은 사업 모델 붕괴가 유행처럼 번지고 있다. 소비자가 원하는 것을 기업이 제공하지 못해서가 아니라, 소비자가 더 이상 전통적인 방법으로 상품에 대한 대가를 지불하려 하지 않기 때문이다. 수많은 인터넷 신생기업들의 허무맹랑한 약속 때문에 소비자의 무의식에는 '공짜'가 너무나 당연하게 박히고 말았다. 그리고 미디어산업을 포함해 공짜 현상에 포위당한 수많은 기업들이 참담한 결과를 맞이하고 말았다.

음반회사들의 수익은 2000년도에 비해 최대 40퍼센트까지 하락했다. 신문사의 지면광고 수익은 2005~2009년 사이에 85퍼센트가량 감소했다. 국제전화나 시외전화 등 장거리전화사업의 규모는 2000년대 초반에 비해 80퍼센트가량 줄어들었다.[1] 거대 미디어그룹 워너뮤직Warner Music이나 타임Time Inc.과 같은 쟁쟁한 기업들이 애견용품 판매 사이트 페츠닷컴Pets.com과 같은 소규모 웹사이트를 운영하는 기업과 비슷해 보이기 시작했다. 10년 전에는 상상도 못 했던 풍경이다.

사람들은 상상 이상으로 '공짜'에 물들기 시작했다. 심지어 미디어와 관련 없는 산업들, 소매금융, 소프트웨어, 가전제품까지 모두 공짜로 덤을 제공하고, 추가적인 기능을 제공하고, 가격을 낮춰야 한다는 압박감에 시달리게 되었다.

타임워너케이블^{Time Warner Cable}이나 케이블비전^{Cablevision} 같은 케이블TV사업자들은 프로그램 시청료를 분배하는 과정에서 콘텐츠 제공자와 줄다리기를 했다. 이 와중에 뉴욕 시민들이 오스카 시상식을 방송하지 못하는 사태까지 일어났다.

「타임」은 내가 이 책을 쓰는 동안 새로운 가격정책을 만들어냈다. 기사를 잡지나 아이패드에 모두 제공하고 독자들이 골라서 구독할 수 있게 한 것이다. 「뉴욕타임스」는 공짜경제 시대를 외면할 수 없어 거의 매년 가격정책을 이리저리 바꾸었다. 이러한 상황에서 고객은 처음에 어리둥절해하다가 점점 호전적으로 되어 갔고, 제휴업체들은 혼란에 빠졌으며, 기업의 수익은 추락하고 말았다.

지금까지의 사례는 내가 말하고자 하는 이야기의 일부에 불과하다. 미디어뿐만 아니라 다양한 산업 분야에서 무수한 기업들이 공짜의 벽을 넘지 못하고 경영난을 겪고 있다. 그러나 이런 와중에도 어떤 기업들은 보란 듯이 성공을 일구어냈다. 도대체 그들은 어떻게 그러한 성공을 거두었을까? 해답은 바로 '수익 모델'의 혁신에 있다. 가격을 책정하고, 제품 패키지를 다시 구성하고, 누가 지불할 것인지를 다시 설계하는 것이다. 이것이 바로 이 책에서 이야기하고자 하는 핵심이다.

미디어산업에서 배운다

오늘날 미디어산업이 처한 난국은 이미 많이 알려져 있다. 기존의 사용자들은 어둠의 경로로 콘텐츠를 교환하고, 기업의 수익은 감소하고 있으며, 기술 역시 빠르게 변하고 있다. 기업들은 예전과 똑같은 비용을 들여 경쟁하고 있지만, 이미 공급망이 파괴되어 시장은 제대로 작동하지 않는다.

이처럼 매출과 이익이 급격히 줄어들고 미래에 대한 전망이 불확실한 상황에서도, 자신의 사업은 미디어산업에 속하지 않는다는 이유만으로 안심하는 경영자들이 있을지 모른다. 하지만 지난 15년 동안 음반, 잡지, 라디오, 신문, TV 등 미디어 기업들이 겪어온 고달픈 상황은 이제 모든 분야로 확산될 수 있다.

물론 미디어 기업들이 스스로 혼란을 자초한 측면도 있다. 음반사들은 "저작권을 침해했다"는 이유로 거대한 고객층을 고소했고, 이로써 음악을 앨범 단위가 아닌 한 곡씩 판매할 수 있는 기회마저 놓쳤다. 신문사는 콘텐츠를 무료로 제공할 것인지 유료로 제공할 것인지 판단하지 못한 채 모호한 입장을 취했다.

사실 그들은 그때 그것이 기회인지 아닌지 판단할 여력도 없었던 것 같다. 다른 산업에서 발생하고 있는 일들이 자신의 분야에 어떻게 영향을 미칠 것인지 깨닫지도 못했기 때문이다. 최근 만난 어느 방송사 경영인은 이렇게 말했다.

"음반산업은 P2P로 인해 수익 모델이 날아가버렸으니 버스에 치인 꼴입니다. 하지만 TV만 하겠습니까? 우리는 자살한 거나 마찬가진데요."

음반산업 바깥에 있는 사람들은 음반산업이 맞이한 불행을 어쩌면 고소하게 생각할지도 모른다. 그런 사람들은 대체로 미디어산업이 와해된 이유가 단순히 그 업계의 독특한 사업 환경과 경영 부실 때문이라고 생각할 것이다. 하지만 이는 오산이다. 실제로 미디어산업을 공격하고 있는 내적, 외적 요인들은 미디어산업만이 처한 독특한 환경이 아니다. 미디어산업은 모든 산업에 대해 위험 경고를 알리는 석탄광산의 카나리아와 같다. 미디어산업을 공격하는 외적 요소들은 다음과 같다.

- 저비용 유비쿼터스 커뮤니케이션
- 사실상 무제한에 가까운 저비용 대역폭
- 사실상 무제한, 저비용, 실시간 데이터 처리 능력
- 개인화, 통제, 연관성, 즉각성에 대한 고객의 높아지는 기대치
- 빠르게 발전하는 기술과 경쟁적 혁신

이러한 요소들은 미디어산업뿐 아니라 수많은 산업에 영향을 미친다. 그 강도와 속도는 다르게 나타날 수 있지만, 확실한 건 어떠한 산업도 이러한 영향력에서 자유로울 수 없다는 점이다.

물론 미디어산업을 무너뜨린 내적인 요인도 있다. 하지만 그 경영진의 근시안, 시장의 흐름에 대한 무관심, 탐욕이 그들만의 특징이라고는 말할 수 없다. 실수와 그릇된 판단을 내리게 하는 인간적, 조

직적인 상황은 어떤 분야를 막론하고 똑같다. 사람들이 자신 앞에 놓인 도전의 기회를 포착하지 못하고, 변화를 이끌어 내지 못하며, 혁신을 통해 새로운 해법을 내놓지 못하는 이유를 설명하는 책과 논문은 무수히 많이 나와 있다. 『좋은 기업을 넘어 위대한 기업으로 (Goot to Great)』, 『블루오션 전략(Blue Ocean Strategy)』, 『혁신 기업의 딜레마(The Innovator's Dilemma)』, 『새로운 기업의 기원과 발전 (The Origin and Evolution of New Businesses)』, 『성장이 멈추어버렸을 때(When Growth Stalls)』, 『스위치(Switch)』, 『기업이 원하는 변화의 리더(Leading Change)』 등이 대표적인 책이다.

그러나 현대 미디어산업에는 지루한 실패담만 있는 것은 아니다. 최근 10년 동안 음반회사, 출판사, 라디오, 방송사들은 심각한 타격을 받았고, 불경기에는 특히 심했다. 아직도 최악의 상황에서 벗어나지 못하는 기업도 있다. 하지만 이런 와중에도 보란 듯이 성공가도를 달리고 있는 기업도 있다.

[그림 1-1]의 그래프에서 보다시피, 2008년부터 2012년까지, 5년 동안 비디오게임은 두 자릿수의 성장률을 기록하고 있으며, 모바일 광고는 폭발적인 증가세를 보이고 있다. 구글, 아마존, 애플은 대표적인 성공 사례로 이들이 미디어를 통해 얻는 수익과 가치 제안은 지속적으로 커지고 있다. 이러한 기업들 외에도 레드박스[Redbox]*는

---

*DVD 대여업체. 빨간색 DVD자판기를 곳곳에 설치하여 언제든 DVD를 빌릴 수 있고, 반납도 가까운 레드박스 어느 곳에서나 할 수 있게 했다. 이 책의 75쪽을 참고.

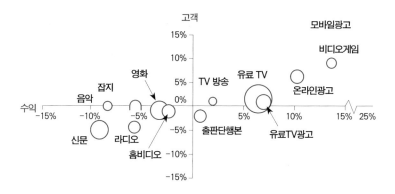

2008-2012 미국 미디어 시장 성장률

원 크기=2008년 매출(광고를 포함한 매출)

출처: 「베로니스 슐러 스티븐슨 2009 산업전망」, IBM 기업가치연구소

몇 년 사이에 전체 비디오대여시장의 18퍼센트를 점유했으며, 「파이낸셜타임스」는 부문별 수입이 폭증하고 있다.[2] 그 외에도 판도라Pandora*, 블릭Blyk**, 스포티파이Spotify***, 훌루Hulu****, 고커미디어Gawker Media***** 등 누구나 인정하는 성공한 기업도 많다.

오늘날 산업 전반에 불어 닥친 경제적 변화의 흐름에 미디어산업이 그동안 어떻게 대처했는지를 살펴보면, 긍정적으로든 부정적으

*개인이 직접 동영상을 만들고 방송하고, 공유할 수 있도록 한 동영상 서비스 업체.
**광고 기반의 무료통화제로 성과를 거둔 이동통신사. 이 책의 139쪽을 참고.
***클라우드 기반의 개인 맞춤형 음악 스트리밍 서비스 업체.
****NBC와 폭스가 공동설립한 동영상 서비스 업체로 드라마나 영화 등의 콘텐츠를 서비스한다.
*****기업이나 유명인의 블로그를 대신 운영해주는 블로그 네트워크 회사.

로든 많은 것을 배울 수 있다. 이 책에서는 그러한 교훈을 중점적으로 살펴보고자 한다.

그중에서도 특히 이 책은 '비즈니스 모델 혁신'에 초점을 맞추고 있다. 유비쿼터스 커뮤니케이션 환경과 사실상 무제한인 대역폭과 데이터 처리 능력, 높아지는 고객의 기대치, 급변하는 혁신적 환경에서 살아남으려면 비즈니스 모델을 혁신해야 한다. 물론 비즈니스 모델 혁신은 주제의 폭이 넓기 때문에 여기서는 '수익창출'이라는 부분에 집중할 것이다.

'비즈니스 모델'에 대한 정의는 셀 수 없을 만큼 많이 나와 있기 때문에, 나까지 나서서 한 가지 더 추가하고 싶은 생각은 없다.[3] 어쨌든 이러한 정의들은 공통적으로, 비즈니스 모델이 어떻게 가치를 만들어 내고, 그 가치를 어떻게 고객에게 전달하는지, 고객으로부터 어떻게 수익을 거두어들이는지에 대한 내용들을 모두 아우르고 있다. 비즈니스 모델에서는 '가치창조', '가치전달', '수익확보'가 명확하게 연결되어 있다. 따라서 수익을 창출하는 방법을 바꾸려면 가치를 만들고 전달하는 방법부터 바꿔야 한다. 그 반대의 경우도 마찬가지다. 아직까지는 비즈니스 모델이 이 세 가지 폭넓은 기능을 포괄한다고 정의하는 것이 유용하다.

비즈니스 모델 혁신에도 다양한 형태가 있다([그림 1-2] 참조). IBM에서 동료들과 함께 진행한 연간 CEO연구를 통해 우리는 세 가지 주요한 비즈니스 모델 혁신 방법을 찾아냈다. 그것은 바로 산업 혁

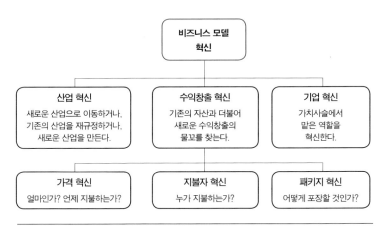

〔그림 1-2〕

비즈니스 모델 혁신을 위한 IBM 프레임워

비즈니스 모델 혁신

산업 혁신
새로운 산업으로 이동하거나,
기존의 산업을 재규정하거나,
새로운 산업을 만든다.

수익창출 혁신
기존의 자산과 더불어
새로운 수익창출의
물꼬를 찾는다.

기업 혁신
가치사슬에서
맡은 역할을
혁신한다.

가격 혁신
얼마인가? 언제 지불하는가?

지불자 혁신
누가 지불하는가?

패키지 혁신
어떻게 포장할 것인가?

신, 기업 혁신, 수익창출 혁신이다. 안타깝게도 비즈니스 모델을 혁신하는 세 가지 방법은 비즈니스 모델의 세 기능과 1대 1로 대응하지는 않는다. 각 기능이 서로 밀접하게 연관되어 있는 것과 마찬가지로, 비즈니스 모델을 혁신하는 방법은 두세 가지의 기능이 모두 개입되는 경우가 많다.

산업 혁신은 기업이 여러 산업의 경계를 왔다 갔다 할 때 일어난다. 예컨대 버진Virgin은 음반소매업에서 운수업과 금융서비스업으로 전환하면서 질 높은 고객서비스를 그대로 가져갔다. 이것이 바로 산업 혁신이다. 마찬가지로 완전히 새로운 산업을 창출할 때에도 산업 혁신이 일어난다. 구글은 검색시장을 만들어 내면서, 마이크로소프트는 개인용 컴퓨터산업을 촉진하면서 산업 혁신을 이루었다.

기업 혁신은 따라서 기업의 경계를 다시 규정함으로써 이루어낼 수 있다. 의류기업 자라^{Zara}와 리앤펑^{Li & Fung}이 좋은 예이다. 자라는 의류시장의 모든 가치사슬을 소유하기로 결정하면서 의류회사의 전형적인 경계를 확장했다. 그렇게 함으로써 빠르게 변하는 유행에 곧바로 대응할 수 있었다. 이와 반대로 리앤펑은 경계를 극단적으로 축소하여 광범위한 의류생산공장과 클라이언트를 연결해주는 서비스제공회사로 자리매김했다. 실제로 공장을 가지고 있었더라면 결코 확보할 수 없을 만큼 놀라운 유동성으로 고객을 확보했다.

수익창출 혁신은 기존의 자산에서 나오는 가치를 통해 수익을 창출하는 방법에 초점을 맞춘다. 수익창출 부분에서 혁신을 이루려면 세 가지 핵심 문제를 풀어야 한다. 첫째는 가치의 '가격을 어떻게 매기느냐' 하는 것이고, 둘째는 가치를 '어떻게 포장하느냐', 셋째는 그 가치에 대한 돈을 '누가 지불하느냐' 하는 것이다. 이 문제들에 대해 지금까지 많은 해법들이 나왔지만, 최근에는 커뮤니케이션과 컴퓨터를 이용한 유비쿼터스의 전반적인 흐름과 정보력의 확대로 인한 고객의 기대치 상승을 통해 혁신의 기회를 찾으려는 쪽으로 관심이 집중되고 있다.

우리가 수익창출 혁신에 집중해야 하는 데는 몇 가지 이유가 있다. 첫째는 간단하기 때문이다. 산업 혁신, 기업 혁신, 수익창출 혁신은 모두 복잡하고 성공적인 결과를 이끌어 내기가 쉽지 않지만, 개별적으로 살펴보면 수익창출 혁신이 앞의 두 가지 혁신보다는 덜 복잡하다. 수익의 감소와 침체로 인해 고군분투하는 산업이나 기업은 하루 빨리 그 흐름에서 벗어나야 한다. 그러한 흐름에서 벗어나지 못하면 머지않아 쓰러지고 말 것이다. 수익창출 혁신은 새로운 수익원으로 가는 가장 빠른 비즈니스 모델 혁신을 제공할 뿐만 아니라, 산업 혁신과 기업 혁신에 비해 여러 면에서 수고로움이 훨씬 덜하고 투자 비용도 크지 않다.

둘째, 산업이 빠르게 변화되거나 기업이 부도 위기에 직면한 상황에서, 또는 대규모 비즈니스 모델 혁신이 필요할 때 수익창출 혁신은 다음과 같은 몇 가지 주요한 혜택을 제공할 수 있다.

• 기존의 자산에서 수익을 창출할 수 있는 새로운 자원을 찾아내어 더 큰 혁신으로 나아가기 위한 자금을 확보할 수 있다.
• 고객과 시장의 변화를 파악할 수 있는 직관력을 제공해 앞으로의 혁신 방향을 이끌어준다.
• 단기간에 시장에서 성과를 볼 수 있게 해주고, 그렇게 함으로써 앞으로 대대적인 변화에 필요한 자신감을 심어준다.

수익창출 혁신은 짐 콜린스가 『위대한 기업은 다 어디로 갔을까?(How the Mighty Fall)』에서 '구원'받기 위해 난폭하게 자신을 내던지는 기업들이 빠지고 마는 퇴락의 4단계가 작동하지 못하도록 막아주는 강력한 해독제가 될 수 있다.[4]

셋째, 짧은 기간 동안 소규모로도 실험이 가능하기 때문이다. 이는 기업이 가진 역량이 무엇인지 알 수 있게 해주고, 혁신을 시도할 때 나타날 예상치 못한 장애물을 미리 알 수 있게 해준다. 또한 더욱 강력한 혁신에 적용할 수 있는 교훈도 줄 것이다.

한마디로, 수익창출 혁신은 매우 중요하다. 게다가 미디어산업의 선례는 수익창출 혁신에 대한 모범으로 삼을 만한 가치가 있다. 미디어산업에 속하지 않은 기업들은 그것이 자신들과 어떤 관계가 있는지 의문을 가질지 모르지만, 알고 보면 막연히 생각하는 것보다 훨씬 큰 공통점이 있다. 그 공통점은 바로 미디어산업의 환경을 극단적으로 바꾼 주요 트렌드이다. 앞에서 이야기했듯이, 주요 트렌드란 유비쿼터스 커뮤니케이션, 사실상 무제한인 저비용 대역폭과 데이터 처리 능력, 개인화, 통제, 연관성, 즉각성 등에 대한 고객의 기대치 변화, 급변하는 기술과 경쟁적 혁신이다.

이는 모두 순환하는 트렌드이다. 서로 기생하고 범위를 넓혀간다. 무제한 데이터 처리 능력은 부분적으로 유비쿼터스 커뮤니케이션의 증가와 저비용의 대역폭을 기반으로 한다. 유비쿼터스 커뮤니케이션과 저비용의 대역폭으로 만들어지는 데이터와 정보는 다시 이러한 트렌드를 가속화한다. 이러한 것들이 서로 상승작용을 하면서 미디어산업에 엄청난 영향을 미친 트렌드가 되었다.

미디어산업의 주요 상품은 이제 대부분 디지털화되었다. 데이터 처리 능력과 대역폭이 한계를 갖거나 고비용이 된다면 미디어상품은 아날로그에서 벗어나지 못하고 물리적인 제작·유통에도 한계가 뒤따를 것이다. 하지만 데이터 처리 능력과 대역폭이 사라지고 나면 미디어상품은 물리적 경계를 깬다. 뿐만 아니라 거의 실시간에 가까워진다. 디지털화와 실시간 거래라는 특성은 산업의 역학관계를 바꾸었다. 맨 처음 그 영향이 나타난 산업이 바로 음반시장이었고, 그 진동은 이제 모든 산업 분야로 빠르게 뻗어나가고 있다.

이러한 트렌드가 완전히 디지털화될 수 있는 산업에만 영향을 미치는 것은 아니다. 결국 물리적인 상품도 이제는 디지털 정보혁명의 영향을 직접적으로 받게 될 것이다. GM 온스타OnStar나 포드 싱크Sync와 같은 자동차산업의 정보 제공 서비스가 바로 그러한 예다. 이들 서비스는 본질적으로 물리적인 제품에 디지털 정보제품을 부착한 것이다. 제품의 수명을 연장하기 위한 원격지원과 유지보수 서비스를 제공하는 기업도 그러한 예라 할 수 있다.

미국의 의료보험제도도 하나의 예가 될 수 있다. 2010년에 개인의 건강정보를 수집하고 제공함으로써 의료비용을 절감하고 치료를 개선하는 방안을 찾기 위한 대규모 논의가 있었다. 전자건강기록부를 통해 의료검진을 중복으로 하거나 부당하게 의료비가 청구되지 않도록 하기 위한 것이었다. 효과를 비교할 수 있는 데이터를 통해 의사들은 비싸지 않으면서도 좋은 치료법을 선택할 수 있다. 여기에 유전공학의 도움을 받아 앞으로는 약으로 효과를 볼 수 없는 당뇨환자의 43퍼센트를 미리 알려줄 수 있게 된다.[5]

이렇게 증가한 정보의 흐름은 수십 년을 앞서가게 만들어준다. 지난 10년 동안 미래학자들이 고민했던 '사물 간 인터넷'이 현실세계에서 자리 잡아가고 있는 것이다. 시간이 지날수록 더 많은 장비들이 정보 네트워크로 연결되어 데이터를 만들어 내고 재작용하게 될 것이다. 내가 몸담고 있는 IBM에서는 이처럼 어디서나 정보가 생산되고 사용되는 세상을 '스마트플래닛Smart Planet'이라고 명명했다.

스마트플래닛으로 힌트를 얻은 정보의 유비쿼터스는 주요한 트렌드의 다른 부분 즉 개인화, 통제, 연관성, 무제한적인 시간에 대해 증가하는 고객의 수요에 초점을 맞추었다. 사실 고객이 항상 이러한 욕구를 안고 있다는 점은 의심할 바 없겠지만, 저비용의 유비쿼터스 커뮤니케이션과 대역폭, 데이터 처리 능력은 고객의 내재된 욕구를 밖으로 끌어냈다. 아날로그시대에는 불가능했지만 디지털시대에는 충족할 수 있는 욕구이기 때문이다.

커뮤니케이션과 대역폭이 고비용이었을 때 정보는 주요한 한 곳으로만, 즉 제품에서 고객으로만 흘렀다. 하지만 오늘날은 다르다. 생산자가 저비용으로 정보를 취합할 수 있다. 단순히 판매량뿐만 아니라 어떤 경로로, 언제, 누가 샀는지도 파악할 수 있다. 저비용 데이터 처리 과정을 통해 얻을 수 있는 정보는 잘게 세분화한 고객집단에게 가장 적합한 정보를 제공한다. 그러면 고객은 그 정보를 통해 이전보다 더 내재된 욕구를 충족하게 되고, 한 번 이런 경험을 한 고객은 이후에도 같은 수준 이상의 만족을 줄 수 있는 상품이나 서비스를 기대하게 된다. 그러한 기대를 충족시켜 주지 못하는 상품은 고객으로부터 선택받을 기회를 잃고 만다.

물론 모든 산업이 빠른 기술의 변화와 경쟁적인 혁신에 직면했다고 말하기에는 다소 무리가 있다.

그러나 이러한 트렌드들이 결합하면서 기업의 성장과 성공에 비즈니스 모델 혁신이 매우 중요한 역할을 하도록 만든다. 이는 IBM에서 동료들과 함께 진행한 연간 CEO연구를 통해 얻은 분명한 결론이다. CEO들은 대부분 기업 환경의 경쟁이 더욱 치열해질 것으로 예상하고 있으며 '혁신'에 집중함으로써 이러한 환경에 대비하고 있다고 응답했다. 하지만 혁신이라는 단어의 의미는 너무 포괄적이어서 모호하다. 대개 기업이 말하는 혁신은 제품 혁신을 의미할 뿐 비즈니스 모델 혁신을 의미하지 않는다.

그래서 우리는 CEO들이 집중하는 혁신이 어떤 것인지, 또한 그러한 혁신을 수행할 때 구체적인 효과가 있었는지 규명해보기로 했다. 그리하여 지난 3년 동안 수익 면에서 가장 빠른 성장을 보인 기업들은 다른 기업에 비해 두 배나 더 비즈니스 모델 혁신에 집중한다는 사실을 알아냈다. 이러한 사실은 눈앞에 놓인 다른 어떤 문제들보다 훨씬 더 강력하게 비즈니스 모델 혁신의 필요성을 뒷받침한다.[6]

미디어산업의 경험을 이해하고 비즈니스 모델 혁신, 특히 수익 모델 혁신에 관한 직관력을 키우는 것이 중요하다고 강조하는 데에는 몇 가지 이유가 있다. 가장 큰 이유는 앞의 [그림 1-1]을 보면 알 수 있다. 미디어산업 중 상당 부분은 4분면의 오른쪽 윗면에 있는데, 이는 고객과 수익이 늘어나기를 기대한다는 뜻이다. 시장을 초토화하는 온갖 악재들이 한꺼번에 쏟아지는 가운데에서도 몇몇 기업은 이익을 내고 있다. 또한 미디어산업의 상당 부분이 왼쪽 하단에서 고군분투하고 있는데 이는 고객이 감소하고 수익이 축소되고 있음을 나타낸다.

다른 산업들에서도 이와 똑같은 현상이 그대로 전개될 것이다. 수많은 기업들이 악순환의 고리에 발목이 잡혀 있어도, 몇몇 기업들은 꾸준히 수익을 늘리고 있을 것이다.

미디어산업의 성공과 실패는 운에 달려 있는 것이 아니다. 험난한 환경에 뛰어들어 트렌드의 반대쪽에 서서 성공하는 기업도 있다. 물론 비참하게 실패하는 전략이나 대응도 있을 것이다. 유비쿼터스 커뮤니케이션, 무제한 저비용 대역폭 등 주요한 트렌드는 모든 산업에 영향을 미친다. 미디어산업에서 어떤 것이 성공했고 어떤 것이 실패했는지 알아두면 전략을 수립할 때 유용할 것이다. 그것은 마치 낯선 곳의 지도를 미리 확보하는 것과 같다. 장애물이 어디에 있는지, 왜 '성공이 보장된' 혁신은 결코 손에 잡히지 않는지, 왜 '실패할 수밖에 없는' 전략만 짜고 있는지 알 수 있을 것이다.

내가 미디어산업에 주목하는 또 다른 이유는 그 교훈이 이미 다른 많은 산업에 적용되었기 때문이다. 이 책을 읽어나가다 보면, 미디

미디어 산업 외부의 수익창출 혁신

혁신	미디어 산업 외부 산업
시장세분화	• 자동화: 베터플레이스, 짚카 • 공공산업: 온타리오하이드로 • 소매식료품점: 테스코, 코스트코 • 카지노: 헤라스
가격 혁신	• 의류: 렌트더런웨이 • 소매: 아마존프라임 • 제약회사: 존슨앤드존슨, 머크 • 자동차보험: 프로그레시브 • 자동차렌탈: 짚카 • 금융서비스: 민트닷컴
지불자 혁신	• 이동통신: 블릭, O2 • 소매점: 월마트 • 소비재 제품: 프록터앤갬블(P&G)
패키지 혁신	• 로지스틱스: 베슬트랙커 • 식품: 네스프레소 • 운동화: 나이키, 컨버스 • 가전제품: 애플, 아마존, 구글 • 바닥공사: 인터페이스

어산업이 시도한 수익창출 혁신의 다양한 사례가 다른 산업에 영향을 미쳤다는 것을 알 수 있다. 또한 수익창출 혁신이 산업에 따라 어떻게 다르게 적용되는지 발견할 수 있다. [표 1-1]은 오늘날 수익창출 혁신을 이루어냈던 기업과 산업을 정리한 것이다.

다행히도 미디어산업은 다양한 형태의 혁신을 시도했다. 그것은 또한 미디어산업이 유용한 교훈을 제공하는 이유이기도 하다. 미디어산업에서 나온 이질적인 결과와 비슷하게, 기업들은 매우 다양한 형태의 혁신과 전략을 시도했다. 월트 디즈니가 "꿈꿀 수 있다면, 실현할 수 있다"고 말한 것처럼 무료, 유료, 프리미엄, 개인화, 모든 사람에게 맞는 것, 저비용, 고비용, 파편화, 묶음, 스폰서, 광고 등 온갖 형태의 혁신이 쏟아졌다.

결국 모든 산업에 있는 기업들은 전환기에 선두 위치를 차지할 기회를 갖고 있다. 미디어산업의 경험과 교훈 중에는 당신의 기업이나 산업에 맞지 않는 부분도 있겠지만, 대부분은 적용할 수 있다. 최소한 무엇이 작동하고 작동하지 않을지 가늠하고 실험해볼 수 있다.

성공적인 혁신의 핵심은 당연하다고 생각되는 틀을 부수고 완전히 새로운 방식으로 사물을 보는 것이다. 세계적인 디자인 컨설팅 회사인 아이디오^{IDEO}의 CEO 팀 브라운은 "인간은 자신의 문제를 스스로 해결하는 데 능숙하지 못하다"라고 했다. 정말로 문제를 해결하기 위해서는 외부의 의견을 수렴하는 자세가 필요할 때가 많다. 다른 산업의 시각으로 자신의 산업을 비춰봐야 한다.

아직 트렌드의 영향력이 미치지 않은 산업이라면, 원자에서 비트로 실체가 있는 상품에서 정보로 가치를 바꾸지 않은 상황이라면, 이 책은 당신의 산업에 성공적인 혁신을 소개하는 가이드북이 될 것이다. 새로운 수익창출의 물꼬를 트기 위한 아이디어를 제공할 것이다.

와튼스쿨의 마케팅 교수이자 미국마케팅협회의 회장인 조지 데이^{George Day}는 『주변시야(Perpheral Vision)』라는 책에서 커다란 변화를 눈앞에 두고 있는 시장이 보내는 '희미한 신호'를 많은 기업이 보지 못한다고 말한다.[8] 앞에서 말했듯 트렌드로 인한 상당한 변화의 고통을 아직 겪지 않은 산업에 속해 있다면, 이 책을 통해 주변시야를 넓히는 계기를 얻기 바란다. 변화의 희미한 신호를 지금껏 알아차리지 못하고 있는 수많은 경쟁자보다 선두에 설 수 있을 것이다.

이 책의 구성

비즈니스 모델 혁신의 방법이 다양하듯이, 수익창출 모델 혁신의 방법도 다양하다. 이 책에서는 수익창출 모델 혁신을 '가격 혁신', '지불자 혁신', '패키지 혁신'이라는 세 가지 주요한 카테고리로 나눠 개별적으로 살펴본다([그림 1-3] 참조).

'가격 혁신' 파트에서는 제품에 대한 비용을 매기는 새로운 방법에 대해 모색한다. 여기에는 지불하는 돈의 액수와 지갑을 여는 시점이 모두 포함된다. 가격에 관한 혁신은 기존의 가격 모델을 비전통적인 방법으로 활용한다. 예컨대 전통적으로 묶음가격제를 유지하던 케이블TV산업은 프로그램별 가격을 책정하거나, 이미 잘 알려진 가격 접근법을 변형하여 적용하는 식이다.

'지불자 혁신' 파트에서는 제품이나 서비스의 최종소비자 대신 돈을 지불할 주체를 찾아본다. 가장 일반적인 지불자 혁신의 방법은 광고나 후원과 같은 간접적인 지불방법이다. 따라서 광고산업의 미

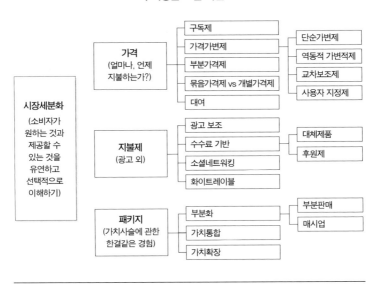

수익창출 모델 혁신

래에 대해서 살펴보고 어떤 분야에 광고 위주의 접근법이 작동하고 작동하지 않는지에 대해 살펴본다.

'패키지 혁신' 파트에서는 소비자의 행동에 따라 세분화한 고객 집단별로 차별적인 제품을 공급해 제품과 브랜드 가치를 확장하는 새로운 방법을 찾는다. 디지털화의 결과로 나온 새로운 패키지로는 기존의 제품을 쪼개서 파는 부분판매와 기존의 여러 제품을 묶어서 새로운 제품으로 만드는 매시업(Mash Up)이 있다. 패키지 혁신은 기업이 가치사슬에 또 다른 가치를 추가할 수 있는 기회를 열어주거나 비슷한 시장에서 가치를 확장하게 해준다.

그러나 이러한 수익창출 모델 혁신에 대해 집중적으로 조명하기 전에 먼저 모든 비즈니스 모델의 기초가 되는 고객을 정확히 파악해야 한다. 시장세분화를 정확히 해야, 새로운 수익창출 모델이 제품의 가치를 알아보고 돈을 지불할 용의가 있고 지불할 능력이 있는 대상을 제대로 겨냥할 수 있기 때문이다. 유비쿼터스와 저비용 커뮤니케이션, 무제한의 대역폭, 정보, 데이터 처리 능력 등 주요 트렌드는 고객의 기대치를 점점 올려놓기도 하지만, 또 한편으론 기업이 고객정보를 이전보다 더 쉽게 수집할 수 있는 환경을 만들어준다. 기업은 이렇게 모아진 정보를 기초로 더 정확하게 세분화를 할 수 있고 여기서부터 수익창출 혁신이 시작되는 것이다. 1장에서는 이러한 시장세분화에 대해 집중적으로 다룬다.

각 장의 구조는 비슷하다. 우선 시장세분화, 가격 혁신, 지불자 혁신, 패키지 혁신을 정의하고 설명하면서 각기 다른 접근법을 예를 통해 설명한다. 그 다음 "함정"에서는 전략적인 모델을 실행할 때 직면할 수 있는 문제에 대해서 이야기하고 "교훈"에서는 성공 기회를 늘리기 위해서 무엇을 할 수 있는지 설명한다. 그 다음 머릿속 생각을 정리하고 스스로 수익창출 혁신을 구상해낼 수 있도록 몇 가지 질문을 끝으로 마무리한다.

각 장마다 제시하는 예는 미디어산업에 초점을 맞추었다. 어떤 예는 지나치게 상세하지 않나 느낄 수도 있지만, 그 기업이 왜 그런 선택을 했는지 또한 혁신이 왜 성공했는지(또는 실패했는지) 이해하는 데 도움이 될 것이다. 사례는 수익창출 혁신을 실험해보고자 하는 기업가에게 아이디어를 제공하고 생각할 거리를 제공할 수 있는 것으로 선별했다.

각 장을 시장세분화, 가격 혁신, 지불자 혁신, 패키지 혁신으로 나눈 것은 이 책의 구조를 간결하게 만들기 위한 방편이다. 하지만 현실세계에서 수익창출 혁신은 정돈된 작은 상자에 넣을 수 있을 만큼 그렇게 간단히 정리되지 않는다. 실제로는 가격, 지불자, 패키지 혁신이 개별적으로 나눠지지 않는다. 모두 유기적인 시스템의 일부이며, 개별적으로든 일괄적으로든 적용할 수 있다. 예를 들어 교차보조구독 형식의 광고 모델을 그대로 유지하면서 부분판매와 같은 새로운 패키지 혁신을 적용할 수 있다.

결론에서는 어떻게 다양한 수익창출 모델이 동시에 공존하면서 서로 영향을 끼치는지 예를 들어 설명하고, 특정한 환경에서 어떤 혁신이 왜 다른 혁신보다 더 적절하게 작용하는지 특정한 산업과 기업이 가진 역학관계를 살펴본다. 또한 혁신을 고민하고 장려할 수 있는 의사 결정 구조에 대한 약간의 조언도 담았다.

수익 창출 혁신에 뛰어들고자 하는 기업의 경영자와 조직들에게 생각할 자료가 되고 지침서가 될 수 있기를 바라는 마음으로 이 책을 집필했다. 이 책은 현재진행형 기업의 실질적인 예를 통해 수익창출 혁신 유형을 이해하고, 성패와 관계없이 기존의 수익창출 혁신 실험이 주는 핵심적인 교훈을 찾아내고, 자신의 제품을 대상으로 실험하려고 할 때 꼭 짚고 넘어가야 하는 질문을 한다.

이 책에 나오는 조사는 대부분 IBM에서 동료들과 함께 진행한 연구에 의존한다. 미디어산업 사례의 상당 부분은 내가 직접 인터뷰를 주도했거나 지속적으로 주시하고 있던 기업들의 이야기이다. 이 책의 목적은 결코 미디어산업의 역사를 종합하는 것도 아니고 비즈니스 모델 혁신의 전부를 일러주는 것도 아니다. 가장 좋은 혁신은 독서가 아닌 실행이다. 혁신을 제대로 시작하기 위해 꼭 알아야 할 정보만 오롯이 담고 있는 알찬 책이 되길 희망한다.

■ 차례

Not for Free

Saul J. Berman

제2장 가격 혁신

제5장 혁신을 시작하기 전에

segmentation

Not for Free

Saul J. Berman

for

Free

1

시장세분화

시장세분화

2003년 비디오대여시장에 갑자기 혁신의 바람이 불었다. 블록버스터비디오^{Blockbuster Video}는 신간 비디오나 인기 비디오를 4.99달러에 3일 동안 대여해주며 15년 이상 비디오대여시장을 장악했다. 물리적인 상품에 시간 제약이 있는 사업 모델을 갖춘 블록버스터 매장에 사람들은 마치 도서관에서 책을 빌리듯 드나들었다. 고객층은 다양했다. 하지만 보고 싶은 비디오를 대여할 수 있는 확률은 55퍼센트였고 어쩌다 반납일을 어기기라도 하면 연체료가 급증했다. 당시 비디오대여시장의 수익 모델로는 편당요금제(Pay-Per-Rental)가 유일했다.

같은 해 블록버스터가 장악하고 있던 비디오대여시장에 구독 기반의 인터넷영화대여서비스 업체 넷플릭스^{Netflix}가 문을 연다. 블록버스터와 달리 넷플릭스는 물리적인 매장과 재고가 없다. 그렇지만 고객은 인터넷시스템을 통해 보고 싶은 영화를 미리 선택하고, 선택한 영화DVD를 우편으로 받아 본다. 비디오를 빌리거나 반납하기 위해 직접 매장에 갈 필요가 없다. 넷플릭스는 또한 수익 모델을 전통적인 편당요금제가 아닌, 구독자에게 구독료를 받는 구독 기반의 요금제로 대체했다. 구독자는 1~8개의 DVD를 한꺼번에 빌릴 수 있고, DVD마다 대여기간을 다르게 선택할 수 있다. 연체료도 없다.

2009년, 넷플릭스는 비디오대여시장의 36퍼센트를 장악하면서 업계 최고의 기업으로 올라섰다. 그때서야 블록버스터는 부랴부랴 우편배송이 가능한 구독서비스를 실시한다.[1]

매장을 최대한 많이 열어 최대한 많은 비디오를 대여하기 위해 블록버스터가 힘들게 구축한 비즈니스 모델이 이제는 더 이상 쓸모없어진 것이다. 오히려 물리적인 매장은 변화의 걸림돌이 되고 말았다. 넷플릭스는 지리적인 제약을 없애고 물리적, 시간적 유동성을 극대화하면서 블록버스터의 한계를 더욱 두드러지게 만들었다. 짧은 시간에 넷플릭스는 블록버스터의 지리적 세분화를 무용지물로 만들었다.

시장세분화와 수익창출 혁신

넷플릭스가 재고정책이나 관리시스템과 같은 비디오대여산업에 근본적인 변화를 이끌어낼 수 있었던 것은 시장세분화를 통해, 매장을 이용하던 고객이 인터넷 검색과 우편배송이 가능한 업체로 바로 옮겨갈 수 있을 만큼 디지털에 밝다는 사실을 알았기 때문이다. 새로운 수익 모델은 기존의 오래된 관습에서 벗어나고 싶어 하는 고객으로부터 나온다.

과거에 신규 시장진입자는 대부분 기존산업을 파괴했다. 클레이튼 크리스텐슨^Clayton Christensen을 비롯해 이러한 개념을 설명한 전문가들은 그 주된 이유로 신규 시장진입자는 지켜야 할 기존의 수익 모델이 없다는 사실을 들었다. 하지만 기회는 기존의 기업에게도 똑같이 주어진다. 단지 시장을 특정한 관점에서 세분화하고 눈앞에 보이는 분야에만 집중하기 때문에 새로운 기회를 보지 못할 뿐이다.

대부분 기업은 고객을 거주지, 나이, 연령, 라이프스타일로 세분화한다. 하지만 이러한 전통적인 접근법은 기껏해야 대략적일 뿐만 아니라, 어떤 특성이나 행동 패턴을 추측하는 것에 지나지 않는다. 그렇게 간접적이어야만 할 필요가 있을까? 직접적으로 산업과 연관된 행동 패턴을 찾아낼 수는 없을까?

고객의 행동 패턴을 제대로 파악할 수 있다면 기존의 비즈니스 모델이 고객에게 잘 맞는지, 새로운 비즈니스 모델로 변화해야 하는지 바로 알아차릴 수 있다. 사실, 기존 고객의 행동 패턴은 파악하기 어렵지 않다. 블록버스터는 새로운 세분화 전략과 수익창출 모델을 개발하기 위해서 넷플릭스에게 시장점유율을 내어줄 필요가 없었다. 기존 고객의 행동이 의미하는 바를 파악하기만 했어도 충분했다.

나는 블록버스터의 자료를 자세히 살펴보지는 못했지만, 연체한 비디오를 반납하는 고객에게서 나타나는 한 가지 징조는 분명히 찾을 수 있었다. 그들은 집이 매장에서 멀거나 바빠서, 아니면 단순히 반납일을 깜박한 것이다. 블록버스터는 엄청난 연체료 수익을 챙겼지만, 이러한 고객으로부터 호의나 충성심을 기대하기는 어렵다. 한 번 연체료를 지불한 고객은 그 이후 눈에 띄게 대여 횟수가 줄어들었다. 블록버스터가 이들의 공통적인 행동 패턴을 찾아냈다면 이용자들에 대한 시각을 달리했을 것이고, 연체료로 인해 불만을 갖게 된 고객을 붙잡기 위해 기존의 수익 모델과 공존할 수 있는 대안적인 수익 모델을 연구했을 것이다.

수익창출 혁신을 위해서는 시장세분화가 반드시 선행되어야 한다. 고객을 세분화해 집단별 특성을 완벽히 이해하지 못한다면, 다음 장에서 설명하는 대안적인 가격 혁신, 지불자 혁신, 패키지 혁신 중 그 무엇도 효과가 없을 것이다.

그렇다고 어떤 세분화든 가능한 것은 아니다. 이제 전통적인 세분화에 관한 접근법의 짧은 역사를 살펴보는 과정을 통해, 단순히 기술과 정보에 대한 고객의 반응을 쉽게 관찰할 수 있는 행동 패턴이 아니라 실질적인 고객행동을 바탕으로 세분화하는 방법을 소개하고자 한다. 그리고 IBM 기업가치연구소에서 연구한 세분화 모델을 어떻게 다양한 산업에 적용할 수 있는지 정리한다. 마지막으로 그러한 행동분석 세분화 방법을 음반산업과 미디어 이외의 산업에 적용해보면서, 세분화에 따른 행동적 접근법이 어떻게 전략적 결정을 바꾸고 새로운 수익 모델을 만들어낼 수 있는지 보여준다.

시장세분화의 짧은 역사

세분화는 마케팅 개념이 생긴 이래 어떤 형태로든 존재했다. 미국은 제2차 세계대전 이후 경제 성장으로 소비자 선택의 폭이 넓어졌다. 시장세분화의 지적 대부라고 일컫는 웬델 스미스[Wendell Smith]는 모든 소비자는 각기 '다른 욕구'를 가지고 있다고 말했다. 스미스의 초기 세분화 이론에 따라 마케터는 시장을 다양한 집단을 가진 균질적인 시장으로 보게 되었다.

균질시장은 지리적으로 구분한 '뉴요커'나 사회경제적으로 구분한 '중상위층'처럼 꽤 광범위한 범주이다. 지리적, 사회적 고객집단은 주요한 세분화 기준이었다. 1970년 로날드 프랑크[Ronald Frank], 윌리엄 매시[William Massey], 요람 윈드[Yoram Wind]가 제시한 기준 또한 시장에서 고객을 세분화하는 특성으로 활용되었다.[3] 수십 년 동안 인구통계학적, 지리적, 사회적 기준이 시장세분화를 이끌어왔다.

1980년 스탠포드연구소의 미래학자 아놀드 미셸[Arnold Mitchell]이 애이브러햄 매슬로[Abraham Maslow]의 욕구계층을 기초로 소비자를 가치기준과 라이프스타일에 따라 분류하는 VALS(Values and Lifestyle)분류법을 발표한 이후 심리학적 세분화가 대중화되었지만, VALS분류법은 인구통계학적 세분법을 더 실제적으로 만들지는 못했다. 지리나 성별과 같은 눈에 보이는 특징은 너무 쉽기에 오히려 세분화에 필요한 부분을 파악하기 힘든 면이 있었지만, 궁극적으로 인구통계학적 세분법과 VALS분류법 모두 특징과 행동 사이의 약한 연관성을 기초로 한다.

시장세분화의 목적은 기업이 고객의 니즈를 이해할 수 있도록 도와주는 것이다. 세분화를 통해 목표와 전략을 세우고 시장에서 성공할 수 있는 상품을 개발한다. 하지만 실제로 그렇게 하는 기업은 거의 없다. 물론 존슨앤드존슨Johnson & Johnson과 프록터앤드갬블Procter & Gamble, P&G과 같은 예외도 있지만, 대부분 먼저 개발한 상품으로 마케팅 전략을 짜거나 사후에 밝혀진 사실을 되돌아보면서 의사 결정의 유효성을 판단할 때 세분화를 사용한다. 더 큰 문제는 오랜 기간 연구를 했음에도 포괄적인 인구통계학적 집단과 구매 패턴 사이에 믿을 만한 연관성을 밝혀내지 못했다는 것이다.[4]

하지만 비용대비 효과 측면에서 더 신뢰할 수 있는 대안이 없기 때문에 여전히 기업에서는 이러한 세분화 기법을 이용하고 있다. 미디어산업에서는 1950년부터 인구통계학적 세분화를 사용했다. 방송은 주요 시청자를 겨냥해 프로그램 방송 시간을 할당했다. 주부 시청률이 높은 오후 시간에는 토크쇼와 일일드라마를, 저녁 시간에는 '가족 프로그램'을, 늦은 저녁 황금시간대에는 성인을 위한 경찰이나 병원을 소재로 한 드라마를 방영했다. 이러한 세분화를 결정한 요소는 두 가지였다. 바로 나이와 성별이다.

나이와 성별은 취향을 파악하기 위한 기준으로 폭넓게 적용되었다. 예컨대 18~34세 남성은 스포츠를 좋아하고, 35~45세 여성은 로맨틱 영화를 좋아한다. 이러한 가정이 항상 맞는 것은 아니었지만,

마케팅 계획을 개발하거나 수익창출 모델을 만들어 내기에 충분한 경우도 있었다.

하지만 무수한 예외는 그동안 무시되어 왔다. 최근까지 나이와 성별, VALS분류법 외에 고객을 세분화할 수 있는 손쉬운 방법은 없었다. 또한 아날로그 상품의 유연하지 못한 한계는 세분화한 고객집단에 따라 일일이 적용하기에는 비용이 너무 컸다. 게다가 나이와 성별을 통한 접근법은 그다지 틀리지 않았다. 좋으면 보고 싫으면 안보는, 둘 중 하나만 선택할 수 있는 시대였기 때문이다. 1970년대 황금시간대에 편성된 TV광고는 어느 지역에서나 거의 80퍼센트에 달하는 시청률을 기대할 수 있었다.[5]

하지만 지난 30년 사이에 상황은 바뀌었다. 이제 더 이상 같은 동네에 산다고, 나이가 비슷하다고 해서 똑같은 것을 보거나 듣거나 읽지 않는다. 1980년대 초 황금시간대 TV광고는 70퍼센트의 시청률을 확보했다. 하지만 계속 곤두박질쳐 지금은 기껏해야 35퍼센트 정도에 머물고 있다.

시청률이 이렇게 떨어진 이유는 채널과 콘텐츠가 매우 다양해졌기 때문이다. 올림픽이나 월드컵과 같은 생중계방송은 물론 예외겠지만, 지금은 어떤 황금시간대의 프로그램도 1970년대 선풍적인 인기를 끌던 드라마 〈매시Mash〉나 〈달라스Dallas〉와 같은 시청률을 기록하기 힘들다. 각자 취향에 맞는 너무나 많은 볼거리가 있기 때문이다.

행동분석적 세분화

다채널로 인한 TV 수용자의 파편화는 하나의 현상이 되어가고 있다. 그러나 소비행동 패턴에 영향을 미치는 더 중요한 요인은 고객의 기대치가 높아졌다는 것이다. 소비자는 이제 편리함, 유연성, 연관성, 개인화가 계속 높아질 것으로 기대한다. 이는 앞 서문에서도 이야기했듯이 빠른 기술 발전의 결과이다. 기술발달로 인해 기업은 고객의 기대치에 빠르게 호응할 수 있게 되었다.

디지털경제시대에, 콘텐츠는 특정한 물리적 하드웨어로부터 독립할 수 있게 되었다. 뉴스는 종이신문에서, 음악은 CD에서, 시트콤은 TV에서 벗어나 자유롭게 되었다. 수용자는 더 이상 월요일 저녁 10시에 어떤 프로그램을 볼까 고민하지 않는다. 이제는 어떤 프로그램을 볼 것인지 선택한 다음 지금 볼 것인지, 몇 시간 후 티보^{TiVO}로 중간광고를 삭제한 프로그램을 볼 것인지, 며칠 지나서 1.99달러를 내고 아이튠즈^{iTunes}로 볼 것인지, 인터넷에 접속해 홀루닷컴으로 볼 것인지 선택할 수 있다.

미디어산업과 정보 관련 분야는 상품 자체가 정보로 구성되기 때문에 정보기술의 변화에 그대로 노출되고 따라서 즉각적으로 타격을 입는다. 하지만 이제는 이들 분야뿐만 아니라 물리적인 하드웨어 상품도 정보기술의 변화에 그대로 영향을 받게 되었다.

자동차 산업을 보라. 15년 전에는 일생의 첫 차를 사기 위해서 자동차대리점을 방문해 질문하고 시운전을 했다. 지금은 다르다. 먼저 인터넷을 통해 제조사, 모델, 연비, 외관, 각종 세금을 포함한 비용, 가격을 따져본다. 차를 사려는 사람 중 90퍼센트가 구매를 결정하기 전에 웹서핑을 한다.[6] 원하는 차 종류, 지불할 가격, 구매했을 때 판매원이 받는 인센티브까지 모두 조사한 다음에 대리점에 방문한다. 이로 인해 판매원은 가격을 절충할 유연성의 폭이 줄어들고, 더 비싼 제품을 추천하기 어렵다. 새 차를 판매했을 때 얻는 이윤도 줄어든다. 고객의 정보 검색 능력이 높아지면서, 이처럼 가격과 사양을 비교할 수 있는 물리적인 제품들은 예외없이 똑같은 압박에 노출되었다.

디지털경제시대가 상품의 구매주기에만 영향을 미친 것은 아니다. 제품의 이용법과 제품 간 상호작용에도 변화를 가져왔다. 그동안 자동차의 가치는 외관, 속도, 편안함과 같은 하드웨어적인 측면에 있었다. 하지만 소프트웨어와 정보기술의 발달로 자동차의 프로그래밍된 시스템으로 가치가 옮겨가고 있다. GM의 온스타, 포드의 싱크, IBM의 아이드라이브와 같은 내비게이션과 엔터테인먼트 시스템은 더욱 정보화되고 자동화되었다. 자동으로 온도를 조절하고 라디오를 조작할 수 있을 뿐만 아니라 GPS내비게이션과 도난 방지 기능까지 갖춘다.[7] 이러한 변화가 사소하게 느껴질 수도 있겠지만, 정보는 의심할 여지없이 도로상에서 고객의 경험을 바꾸고 있다.

디지털과는 별로 상관없을 것 같아 보이는 운동화는 어떨까? 몇 년 전 나이키의 제품개발자는 동료들이 점심시간에 아이팟 이어폰을 귀에 꽂고 조깅을 하는 모습을 보고 놀라운 아이디어를 떠올렸다. 나이키는 즉각 애플과 제휴해 나이키플러스$^{Nike+}$라는 신제품을 출시했다. 운동화에 작은 센서를 끼워 넣어 속도와 거리를 아이팟으로 전송하는 것이다. 또한 나이키플러스 웹사이트에 접속하면, 자신이 운동을 얼마나 했는지 추적할 수 있고 자신의 친구나 가족은 물론 나이키플러스를 사용하는 전 세계 사람들의 운동량을 비교해볼 수 있다. 단번에 신발의 가치는 단순한 운동화가 아니라 자신의 성취도를 측정하는 정보수집기기로 수직상승하였다. 나이키플러스 운동화는 '사물 간 인터넷'의 초기 모델이라 할 수 있다. 더욱 많은 사물들이 현재 일어나고 있는 정보를 모으고 소통할 능력을 갖추게 될 것이다.

기술 발달로 인해 세분화의 기준은 인구통계학이나 사회심리학적 세분화에서 고객이 실제로 어떻게 행동하는지 중점을 두는 접근법으로 바뀌게 되었다. 운동화와 냉장고에서, 자동차와 아기침대에서 더 많은 정보를 얻을수록 추측에 기반한 기존 세분화의 한계는 점점 명확해질 것이다. 물론 그렇다고 해서 고객이 무엇을 원하는지 무엇을 좋아하는지 명확하게 알 수 있는 것은 아니다. 다만 고객의 취향이 무엇이고 어떤 것을 소비할지 좀 더 정확하게 알려주는 것이다. 하지만 고객이 원하는 제품과 서비스가 어떤 것인지 안다고 해서 올바른 비즈니스 모델을 바로 찾아낼 수 있는 것은 아니다. 그러한 비즈니스 모델을 추구하기 위한 수익창출 모델을 찾는 것은 더 힘든 문제다. 여기서 더 중요한 정보는 제품이 '어떻게' 소비되느냐 하는 것이다. 이것을 분석하기 위해서는 소비가 적극적인지 소극적인지, 다른 제품과 연관성은 있는지, 개별적인 가치를 인정받고 있는지 살펴보아야 한다.

기술 중심 제품의 소비자들을 파악하기 위한 유용한 세분화가 있다. 제프리 무어[Geoffrey Moore]는 『캐즘 마케팅(Crossing the Chasm)』에서 기술 중심 제품의 고객을 다섯 가지로 나눈다.[8]

- 이노베이터(Innovator, 혁신자)
- 얼리어답터(Early adopter, 선각수용자)
- 일찍 수용하는 대중(Early majority)
- 늦게 수용하는 대중(Late majority)
- 지각수용자(Leggards)

이와 비슷한 접근법으로 B2B시장에서는 간단한 'ABC'접근법을 사용한다.

- 얼리어답터
- 빠른 추격자(Fast followers)
- 주류 사용자(Mainstream user)

고객집단에 따라 순차적으로 확산될 것으로 예상할 수 있는 제품에 적용할 수 있는 접근법이기는 하지만, 이 두 접근법은 유용하다. 이러한 접근법에서는 어떤 제품이든 얼리어답터 단계를 거치지 않고서는 다수 대중에 파고들 수 없다. 이처럼 '기술에 대한 익숙함'을 기준으로 한 세분화는 그 제품이 다양한 고객집단에서 비슷한 방법으로 사용될 것이라고 가정된다.

디지털화와 기술 변화로 인해 나타난 한 가지 결과는 어떤 제품이 이제는 더 이상 어떤 고객집단에서든 똑같이 사용되지 않는다는 것이다. 수익창출 혁신은 각각의 고객집단에 대한 수익창출 모델을 다르게 적용하고 이러한 상황을 적극적으로 활용함으로써 이룰 수 있다(제품이 똑같더라도 다르게 포장할 수 있다. 이 부분은 앞으로 자세하게 다룰 내용이다). 그렇게 하려면 고객들이 제품과 어떻게 상호작용하는지, 정보를 제품이나 서비스의 일부로 사용하는지 아니면 보완적으로 사용하는지를 판단하여 그것을 기초로 세분화해야 한다. 산업마다 상황이 다르기 때문에 세분화 접근법이 통하는 경우도 있고 그렇지 않을 경우도 있다. 다시 말해, 모든 분야에 공통적으로 기준이 되는 세분화는 없다는 것이다. 각 산업에 맞게 수정할 필요가 있다. 그러나 수익창출 혁신을 이끌어 내기 위한 세분화의 기초는 모든 산업을 아우르는 공통적인 것이다.

미디어산업과 엔터테인먼트 산업을 위해, 나는 IBM 동료들과 함께 고객상호작용과 정보활용을 기초로 한 세분화를 개발했다. 이 세분화 모델은 정보 측면이 점진적으로 높아지고 있는 미디어 이외의 산업에 직접 적용할 수 있도록 만든 것이지만, 어느 산업이든 일반적인 측면에서 적용할 수 있다. IBM의 세분화는 다음 세 가지 행동을 기초로 한다.

- 포맷의 선택
- 소비의 양
- 상호작용의 정도

포맷의 선택은 제품이 어떤 맥락에서 어떤 형태로 들어갈지 판단하는 것이다. 즉 고객이 황금시간대에 집에서 TV로 드라마를 볼지, 이메일을 쓰거나 음악을 들으면서 노트북으로 볼지, 아이폰과 같은 휴대용 기기로 볼지, 아니면 이 세 가지 모두를 사용할지를 판단하는 것이다. 어떤 플랫폼이 가장 우세한가? 일간, 주간, 연간에 따라 플랫폼은 어떻게 달라지는가?

소비의 양은 개인이 얼마나 많은 제품을 사용하는지 보여주는 직접적인 수치이다. 어떤 고객이 보고, 듣고, 읽는 양이 평균에 해당하는지, 평균을 웃도는지, 평균보다 낮은지 판단한다. 일간, 주간, 연간에 따라 소비의 양은 어떻게 달라지는가?

상호작용의 정도는 개인이 제품을 능동적으로 소비하는지, 상호교류하고 자신의 시간과 소비 선호도에 맞추기 위해 콘텐츠를 얼마나 조작하는지 물어보는 것이다. 상호작용은 또한 고객이 무엇을, 언제, 어떤 포맷으로 소비하고 있는지를 알아내는 서비스 제공자의 능력을 의미한다.

다각적 측면의 세분화

IBM의 싱크탱크이자 조사기관인 IBM 기업가치연구소는 2007년부터 미디어산업 고객집단을 파악하기 위해 1년 단위로 조사연구를 진행해왔다. 그 결과 고객이 어떻게 플랫폼과 소비의 양, 포맷을 선택을 하는지 1만 가지의 반응을 분석하면서, 흥미로운 현상을 밝혀냈다.

오늘날 전체 미디어 소비 고객 중 65퍼센트의 수용자가 아직 TV나 라디오로 미디어를 소비한다. 나머지 35퍼센트는 컴퓨터나 소형기기로 옮겨갔다. 광고가 삽입된 정규방송을 보는 사람도 있고, 원하는 대로 골라 볼 수 있는 포맷을 통해 콘텐츠를 소비하는 사람도 있다. 이러한 기술에 대한 수용 반응은 나이와는 그다지 상관이 없다. 이러한 요인을 기준으로 보면, 미디어시장 소비자는 수동다수층, 적극수용층, 적극활동층으로 나눌 수 있다. ([그림 2-1] 참조)

수동다수층(Massive Passives)

수동다수층은 전통적으로 '누구에게나 맞는' 상품을 소비하는 고

〔그림 2-1〕

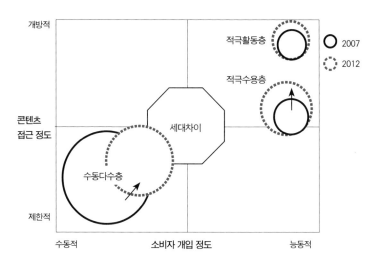

디지털 경제 시대에 맞는 세분화
미디어 시장의 수동다수층, 적극수용층, 적극활동층

출처: IBM 기업가치연구소

객층이다. 이들은 집안의 거실에 앉아 TV로 미디어를 수용한다. 그들은 새로운 기술의 도입에 적극적이지 않다. 티보나 DVR(Digital Video Recorder)이 그들의 거실에 있다면 그것은 아마도 케이블에 가입하면서 받은 사은품이거나 누군가에게 받은 선물일 것이다. 게다가 거의 사용도 하지 않았을 것이다. 이 집단은 시청 경험을 개인화할 필요를 느끼지 못한다. 대중적인 상태 그대로 만족감을 느끼고 즐긴다.

수동다수층은 미디어 소비 고객의 65퍼센트를 차지하며, 가장 큰 고객집단으로 자리매김하고 있다. 이들은 브랜드 충성도가 높기 때문에, 대형 미디어기업의 수익창출은 대부분 이 집단의 소비에서 나온다. 수동다수층이 미디어를 어떻게 선택하고 소비하는지 미리 알고 대처한다면, TV는 영원히 그들의 미디어 수용 도구로 남을 것이다.

적극수용층(Gadgetiers)

수동다수층과는 달리 적극수용층은 신기술에 능동적으로 적응한다. 이들은 전체 시장의 15퍼센트 정도를 차지한다. PC와 다섯 개 이상의 멀티미디어 기기를 이용해 TV를 시청한다. 이들은 아이폰보다 성능이 더 좋고, 멋지고, 산뜻한 기기가 나타난다면 아이폰도 미련 없이 버릴 것이다. 적극수용층의 장롱에는 한때 애용했다가 더 나은 제품이 나오자 구석에 처박아버린 전자기기들이 한 상자 정도는 있을 것이다. 적극수용층은 시간에 민감하기 때문에 시간을 자유롭게 이동할 수 있는 인터넷 다운로드 프로그램이나 모바일 콘텐츠를 활용해 미디어를 수용한다.

이들은 자신들이 보는 것과 보지 않는 것을 나눠서 개별 맞춤 서비스를 해줄 때 제안을 받아들인다. 상품의 구성요소를 살펴보고 새로운 어플리케이션이나 자신의 스타일로 개조한 제품을 활용한다. 시간에 민감한 이유로 광고를 뺀 상품이 비싸더라도 흔쾌히 지갑을 연다. 미디어 기업에게 적극수용층은 비전통적인 상품이나 수익창출 발생을 위한 기회를 제공하기에 아주 중요한 집단이다.

적극활동층 (Kool Kids)

나머지 20퍼센트의 고객이 적극활동층에 속한다. 이들을 '쿨키즈 (Kool Kids)'라고 하는 이유는 이 집단이 대부분 젊은 세대로 구성되기 때문이다. 그러나 일괄적으로 구분하기는 불가능하다. 모든 아이들이 적극활동층에 속하지는 않으며, 또 모든 적극활동층이 24세 미만은 아니기 때문이다. 적극활동층은 TV 앞 소파보다는 컴퓨터나 비디오게임기 앞 의자를 더 편하게 느끼며 무엇을 어떻게, 언제 볼지 미디어 경험을 다양하게 개인화하는 데 능숙하다. 유행에 민감하고 콘텐츠 흐름을 뒤섞어 새로운 형태로 만들어 내기도 하며, 때로는 자신만의 콘텐츠를 개발하기도 한다. 이들은 수동다수층이 소비하는 전문적인 대중콘텐츠와 거의 비슷한 수준의 '사용자생성콘텐츠(User Generated Content, UGC)'를 능숙하게 만들어낸다. 적극활동층은 음반과 비디오를 P2P(개인 대 개인)네트워크를 통해 적극적으로 공유한다.

차별적 세분화와 수익창출 모델

고객을 수동다수층, 적극수용층, 적극활동층으로 세분화하면 각 고객층에 맞게 수익 모델을 혁신할 수 있다. 새로운 기술이 무어가

구분한 고객집단인 이노베이터에서 얼리어답터로 항상 확산되는 것이 아니듯, 제품과 수익창출 모델도 항상 한 집단을 거쳐 다른 집단으로 확산되는 것은 아니다. 실제로 성공한 수많은 수익창출 모델은 한 집단에 일정 기간 동안 집중한 것이다.

예컨대 미국과 영국의 많은 서점에는 최근 에스프레소북머신 Espresso Book Machine이라는 기계가 설치되고 있다. 컴퓨터로 원하는 책을 선택하면 커피를 뽑듯 순식간에 책을 뚝딱 만들어 내는 기계이다. 수동다수층에 속하는 애서가들은 여전히 책을 소장하고 싶어 하기에 에스프레소북머신은 지금 이 순간 혁신적인 제품처럼 느껴질 것이다. 10년 후 킨들과 같은 전자책리더나 아이패드와 같은 태블릿 컴퓨터가 대중화되면, 수동다수층의 독서 플랫폼도 이동할 것이고, 결국 이 기계는 수동다수층에게 진귀한 노스텔지어를 선사하며 기억속으로 사라질 것이다.

행동 기반의 세분화에 대해 또다른 시각을 갖게 된 것은 그것이 정적이지 않다는 이유 때문이다. 기존의 경직된 고객 구분을 새로운 경직된 고객 구분으로 바꾸려는 것이 아니다. 역동적인 세분화를 통해 각 집단의 특별한 행동 패턴은 계속 바뀐다. 오늘날 수동다수층은 TV을 통해 미디어를 대부분 소비하지만, 그들도 정기적으로 이메일을 확인하고, 소셜네트워크에서 활동하며, 스마트폰을 가지고 있다. 10년 전에는 이러한 상황에 대해 이론화하지 못했다. 적극활동층 또한 쉽게 변화한다. 적극수용층과 달리, 적극활동층은 사실

얼리어답터가 아니기 때문에 대부분 단순히 유행을 따르는 경우가 많다. 그러므로 대부분은 아니겠지만 상당히 많은 이들이 수동다수 층으로 이동할 것이다.

고객세분화의 수동다수층, 적극수용층, 적극활동층은 미디어산업에서 세분화한 고객집단이기 때문에 미디어와 정보 분야는 물론 미디어콘텐츠를 전달하는 하드웨어 공급자나 컴퓨터산업에도 바로 적용할 수 있다. 하지만 이러한 세분화는 다른 산업에도 적용할 수 있다. 사람들이 기술과 정보를 소비하는 태도는 많은 산업에서 구매 결정에 큰 영향을 미친다. 앞에서 이미 언급한 자동차산업뿐만 아니라 기간산업에도 적용할 수 있다.

에너지 비용이 높아지고 기후 변화에 대한 인식이 높아지면서 소비자들은 에너지 발전과 소비에 적극적인 관심을 보이고 있다. 이러한 관심이 구매행동에 영향을 미칠 수 있는 것은, 제품(전기)을 만드는 방식이 다양해졌고(화석연료발전 또는 친환경발전 등), 단순한 소비량뿐만 아니라 소비시기(성수기 또는 비수기)를 알 수 있는 정보가 상당히 많아졌기 때문이다. 이는 적극수용층과 같은 소비자들에게 변형하고 개인화할 수 있는 여력을 제공한다. 이러한 변화는 이미 지배적인 단가 수익 모델에 변화를 가져왔으며, 행동 기반의 고객세분화를 토대로 수익창출 혁신을 할 수 있는 엄청난 기회를 가져다주고 있다.

수동다수층, 적극수용층, 적극활동층과 같은 행동에 따른 세분화는 자동차산업과 기간산업을 비롯해 금융서비스, 의료보험, 교육, 여행, 카지노 등 어느 산업에나 유용하게 적용할 수 있다. 이러한 부문의 공통적 특징은 다음과 같다.

- 제품이 정보로 구성되어 있거나 정보가 고객에게 전달하는 가치에 큰 역할을 한다.
- 기술이 빠른 변화를 만들어낸다.
- 제품의 기능이 빠르게 변하고 있다.
- 사용자로부터 정보를 가져올 여력이 있다.

내가 만들어낸 디지털고객세분화 방식만이 타당하다고 말하는 것이 아니다. 어떠한 세분화 유형이든 행동분석에 기반한 세분화를 추가해야 한다는 의미이다. 행동분석적 세분화는 당신을 수익창출 혁신의 길로 안내할 것이다.

기업이 고객의 행동에 따른 세분화를 구축하면, 각 집단별로 개별적인 수익창출 모델을 개발할 수 있고 기존 모델을 혁신할 수도 있다. 물론 쉽지만은 않다. 새로운 수익을 어디서 창출할 것인지 물어보면 기업들은 대부분 자동적으로 새로운 제품을 떠올린다. 어떤 산업이든 마찬가지이다. IBM연구에 따르면 기업들은 다른 접근법보다는 새로운 제품을 만들어 내거나 기존 제품을 업그레이드함으로써 혁신을 추구하는 경우가 많다는 사실을 알 수 있다. 이와 같은 현

상은 이미 기업의 DNA에 뿌리깊이 박혀 있기 때문에 이를 바꾸기는 매우 어렵다.[9]

미디어산업에서 이러한 경향은 콘텐츠 개발자가 새로운 게임이나, TV쇼, 영화, 아티스트를 발표하여 혁신을 일으킨다는 뜻이다. 다시 말해 기존의 다수 고객에게 똑같은 플랫폼으로 똑같은 가격 정책을 이용해 똑같은 패키지로 똑같은 방식으로 전달한다는 뜻이다. 이로 인해 새로운 제품을 좋아하더라도 기존의 플랫폼을 이용하지 않는 고객들은 접근할 수 없게 된다.

제이 레노$^{Jay Leno}$의 뒤를 이어 코난 오브라이언$^{Conan O'Brien}$이 〈투나 잇쇼(Tonight Show)〉를 이어받았을 때, 시청률이 신통치 않자 NBC는 어떻게 했을까? 오브라이언이 마이크를 넘겨받은 지 7개월 만에 NBC는 제이 레노를 다시 불러들였다. 황금시간대인 밤 11시30분 프로그램에 레노는 당당하게 복귀한다.

이 사건은 표면적으로, 레노가 높은 인기 덕분에 황금시간대 방송을 다시 꿰찬 것으로 볼 수 있다. 그도 그럴 것이, 당시 오브라이언은 소셜미디어인 페이스북과 트위터에서 엄청난 지지를 받고 있었기 때문이다.[10] NBC는 소셜미디어라는 새로운 플랫폼에서 오브라이언의 인기가 높은 것을 보고는 그의 팬층이 레노의 팬층보다 훨씬 연령대가 어리다고 생각했다.[11] 하지만 오브라이언의 팬들은 인구통계학적으로 구분할 수 있는 집단이 아니라 행동분석적으로 구분해야 하는 집단이다. 오브라이언의 지지자들은 TV를 통해 미디어를 수용하지 않는 디지털 수용자들이었다.

그러나 여전히 많은 수용자가 TV로 프로그램을 시청한다. 이는 행동분석적 세분화에 맞춘 수익 혁신에 왜 새로운 사고방식이 필요한지 설명하는 두 번째 이유이다. 다시 말해 경영자는 현재의 수익 창출과 이익의 대부분이 나오는 주요 고객층만 보고 있기 때문에 왜 소수의 집단을 위해 새로운 모델을 개발하고 비용을 지불하는 위험을 감수해야 하는지 이해하지 못한다. 경쟁자나 신규 진입자가 소수의 고객층을 선점해 이윤을 내면서 주요 고객층을 잠식해 들어온 다음에야 그들은 자신의 실수를 인정한다. 이것이 바로 지난 수십 년 동안 미디어산업에서 발생한 현상이다.

음반회사들이 저지른 치명적인 실수가 바로 이런 것이다. 2006년 음반회사는 CD 판매로 벌어들이는 수익이 전체 수익의 90퍼센트를 차지했다. 그들은 수동다수층에 의존하는 기존의 수익창출 모델을 지키는 데 급급해 적극수용층이나 적극활동층을 만족시킬 만한 새로운 수익창출 모델을 만들지 않았다. 하지만 2010년에 미국 음반시장에서 CD 매출이 차지하는 비중은 전체 음반시장 매출의 절반규모로 떨어졌다.[12] 앞으로도 몇 년 동안 전 세계적으로 디지털 음반의 판매수익과 CD 판매수익은 비슷하게 유지될 것이다. 하지만 여기서 중요한 것은 이제 누구도 이 흐름을 거스를 수 없다는 것이다. 콘텐츠의 디지털화, 인터넷의 확산, 기술의 변화, 고객 행동 변화로 인해 지난 수십 년간 음반산업을 이끌어왔던 주요 수익창출 모델이 단 4년 만에 틈새 모델로 전락한 것이다.

비디오대여산업도 비슷하다. 넷플릭스가 사업을 시작한 지 몇 년 만에 소매대여시장의 36퍼센트를 점유했지만, 이들은 핵심 제품을 바꿔서 이러한 추동력을 확보한 것이 아니다. 여전히 넷플릭스도 물리적인 DVD를 대여하고 있다. 하지만 디지털시대는 훨씬 견고하게 진행되고 있으며, 넷플릭스는 이에 발맞추어 스트리밍서비스와 함께 TV콘텐츠의 수요를 개인화하여 전달하고 있다. 다른 기업들은 제품을 혁신하느라 골몰했지만 넷플릭스는 제품이 아닌 수익창출 방법을 고민했고 비즈니스 모델을 혁신했다.

블록버스터와 같은 기존의 기업들은 행동에 따른 고객별 세분화를 통해 새로운 전략을 세워야 할 때 신규 진입자보다 불리하다. 신규 진입자들이 능숙한 듯 보이는 행동 기반 세분화는 수익창출 혁신을 하기 전 반드시 거쳐야 하는 과정이다. 끊임없이 변화하고 더 세분화되는 고객 선호도와 소비 패턴을 이해하지 못하고서는 앞으로 설명할 어떠한 혁신도 이룰 수 없다.

미디어산업의 새로운 시장세분화

미디어산업이 고객을 행동에 따라 세분화했다면 어떻게 변했을까? 2008년 음반회사와 유통업체의 연간수익은 2000년 음반 판매수익이 최고점을 찍었을 때에 비해 60퍼센트 정도밖에 안 되었다.[13]

음악이 디지털 포맷으로 옮겨감에 따라 엄청난 음원 도용이 발생했고 적극활동층에 의한 P2P의 문이 활짝 열렸다. 하지만 저작권 침해만으로 수익 감소를 설명하기에는 다소 억지스러운 면이 있다. 음반 판매의 수익이 줄어들게 된 원인에는 아이튠즈도 한몫했다. 적극수용층은 앨범 전체를 구매하지 않고 음악을 한 곡씩 샀고, 남은 돈으로 콘서트 티켓을 샀다.

음반회사는 이러한 일이 벌어지기 전까지 변화의 움직임을 감지하지 못했다. 2006년 이후 CD 판매 수익이 점점 감소하고 있다는 사실을 느끼긴 했지만, 수익 감소를 음원 도용이나 냅스터^{Napster}와 같은 P2P 네트워크의 탓으로 돌렸다. 적극수용층의 움직임을 그들은 전혀 파악하지 못했다.

음반회사와 재래식 소매점포망의 초기 대응은 디지털을 통해 전체 앨범뿐만 아니라 개별 곡도 살 수 있게 한 것이 아니라, CD판매량을 그래도 유지하려는 노력이었다. 이러한 저항은 전혀 새로운 것이 아니다. 1986년 나는 아이튠즈의 아날로그 버전이라고 할 수 있는 제품을 개발한 퍼스닉스^{Peronics}라는 신생 기업의 기업고문을 맡고 있었다. 우리는 고객이 직접 앨범을 만들 수 있는 기계를 음반가계에 설치했다. 당시 10대 사이에서는 좋아하는 음악을 테이프에 녹음하는 것이 유행이었다. 그럼에도 퍼스닉스는 1986년 당시 기술의 복합성과 비용 문제를 비롯한 여러 이유로 시장에서 살아남지 못했다. 하지만 퍼스닉스가 실패한 가장 큰 이유는, 개별 곡 판매에 저항하는 음반회사들이 퍼스닉스의 시장 진입을 막았기 때문이다. 그 당시에도 음반회사들은 새로운 수익원을 혁신하고 통제할 수 있는 기회를 놓친 것이다.

지금도 음반회사들은 여전히 제한된 기술에 만족하며 20년 전과 같은 방식으로 행동하는 소수의 고객들로 인해 눈이 멀어 있다. 얼마 남지 않은 이러한 고객들마저 빼앗길지 모른다는 두려움에 그들은 저작권 도용이나 음악 공유가 완전히 사라지기를 바라는 마음으로 냅스터와 같은 P2P 네트워크를 계속 고소하고 있다. 계속 수익이 줄어드는 상황에서 음반유통회사들은 훨씬 불리한 조건으로 마지못해 아이튠즈에서 앨범은 9.99달러에, 개별곡은 0.99달러에 판다는 조건에 애플과 합의할 수밖에 없는 처지에 놓였다.

사실 애플은 음악파일로 수익을 낼 생각은 없었다. 단지 사용하기 쉬운 하드웨어와 소프트웨어, 콘텐츠를 원스톱으로 제공하기 위해 음악파일이 필요했을 뿐이다. 휴대전화와 벨소리 사업자들도 비슷한 상황이었다. 음악의 한 소절을 벨소리로 만들어 2.50달러에 파는데, 음반회사들은 그중 50퍼센트도 채 가져가지 못한다.

음반회사가 시장세분화의 현실을 미리 파악했다면 적극수용층과 적극활동층을 겨냥한 협력적인 사업 모델을 개발할 수 있었을 것이다. 그랬다면 아이튠즈에 휘둘리지 않고 자신들이 훨씬 큰 영향력을 발휘했을 것이고 지금보다 훨씬 더 많은 돈을 벌어들일 수 있었을 것이다. 아이튠즈의 일괄적인 가격 정책보다 인기도에 따라 가격을 조정하는 훨씬 유연한 가격 정책을 만들었을지도 모른다.

이는 단순한 가정이 아니다. 2008년 가을 펜실베이니아 와튼스쿨의 두 연구원이 연구한 결과에 따르면, 한 곡을 구입할 때 소비자가 기꺼이 내고자 하는 이론적인 금액은 0.99달러보다 훨씬 높은 것으로 나타났다. 펜실베이니아 대학생 500명에게 아이튠즈에서 가장 인기 있는 50곡을 들려준 후, 한 곡당 얼마씩 지불할 용의가 있는지 적어내도록 했다. 이 조사는 2009년 초에도 또 반복하였다. 모두 똑같은 가격을 책정할 경우 2008년에는 2.30달러, 2009년에는 1.49달러가 적절한 것으로 조사되었다.[14]

이 조사는 모집단이 작고 행동 기반 세분화에서 특정 집단에 속하는 구성원이 대부분이라는 제한이 있지만, 음반회사가 적극적으로 기술을 수용하고 고객 기대치의 변화를 받아들이고 적극수용층의 소비패턴에 초점을 맞춰 수익 모델을 만들어냈다면 어떤 결과가 나왔을지 추측할 수 있는 자료가 된다. 시장세분화를 통해 적극활동층을 파악해냈더라면 P2P 네트워크를 공격하는 일이 쓸데없다는 것을 진작 깨달았을지 모른다.

냅스터처럼 P2P 파일 교환을 하는 사이트와 회원제로 운영하는 음악포스팅 블로그는 무수히 많다. 적극활동층은 음악파일을 교환하는 것을 훔친다고 생각하지 않는다. 10대 때 자신이 좋아하는 노래를 테이프에 녹음해 아무런 죄책감 없이 친구에게 주었던 행동을 그대로 하고 있는 것일 뿐이다. 적극활동층을 차단하기 위해 쏟아

부은 돈과 에너지를 이들을 겨냥한 새로운 수익창출 모델을 구축하는 데 쏟았다면 어땠을까? 적극활동층에 기꺼이 공짜로 음악을 풀면서 다른 가치사슬에서 수익을 만들어낼 수도 있었을 것이다. 콘서트 티켓 판매, 뮤지션을 상품화한 제품 판매, 하드웨어 가격 할인 등 여러 수익 모델을 만들어냈을지도 모른다.

미디어산업의 새로운 수익창출 기회

음반회사는 새로운 시장세분화에 의해 창출된 기회에 마침내 반응하기 시작했다. 그중 한 가지 접근법은 콘서트 녹음부터 상품화까지 음악의 전체 가치사슬에 집중하는 것이다. 그러나 갈 길은 아직 멀다. 휴대전화 서비스공급자에서 콘서트 기획, 월마트까지 모두 함께 변하고 있기 때문이다.

디지털화는 또한 프로그램의 가격이 가장 높을 때 누리던 '윈도잉'이라는 마케팅 기법을 활용할 수 있는 기회를 박탈해버렸다. 예컨대 영화의 경우 극장에서 상영중일 때, 즉 다른 플랫폼으로 필름을 풀기 전에 가장 높은 수익을 창출할 수 있는 기회가 생긴다. 하지만 지금도 이러한 기회를 수익창출에 도움이 되는 방식으로 활용할 수 있는 방법은 많다. 예를 들면 규모가 꽤 큰 적극활동층을 겨냥해 VIP비디오서비스를 개시하는 것이다. 비디오대여매장에 아직 나오지 않은 신규작품을 스트리밍 서비스로 제공함으로써 프리미엄 구독료를 받는 것이다. 질리온TV처럼 새로운 TV방송은 광고를 넣어서 팔고 시간이 지나면 광고를 삭제해 단품으로 팔 수 있다.

디지털화와 윈도잉을 거꾸로 활용할 수도 있다. 가장 충성스러운 고객들에게 양질의 서비스를 할인된 가격으로 제공하는 것이다. 이들은 제품에 대한 정당한 가격을 기꺼이 지불하고자 하는 사람들이다. 「파이낸셜타임스」의 온라인서비스와 같이 '프리미엄' 가격제를 도입하여 더 많은 비용을 지불하도록 유도할 수 있다(자세한 내용은 2장에서 설명한다).

결과적으로 음반회사의 교훈은 디지털화로 인해 고객집단이 바뀌고 있다는 것이다. 이는 절대 피할 수 없다. 기존의 수익 모델을 지키는 것도 중요하지만, 다른 행동 특성을 나타내는 집단을 위한 별도의 비즈니스 모델을 만드는 것도 중요하다. 미디어시장의 세 가지 고객집단에는 세 개의 접근법이 필요하고 접근방법도 고정되어 있지 않다. 이제는 더 이상 어떤 시장이 고정적인 상태로 있다가 격동의 시기를 거쳐 다른 시장으로 옮겨가는 것이 아니라 끊임없이 변화한다. 그에 대응하여 고객의 수요와 지불하고자 하는 의지를 가장 잘 나타내는 모델을 끊임없이 도입하는 것이 중요하다.

---

*사용자 중심의 맞춤 방송 서비스 업체. TV 프로그램이나 영화, 스포츠 콘텐츠 등을 개인의 취향에 맞게 선택하고 서비스 받을 수 있다.

기간산업의 시장세분화

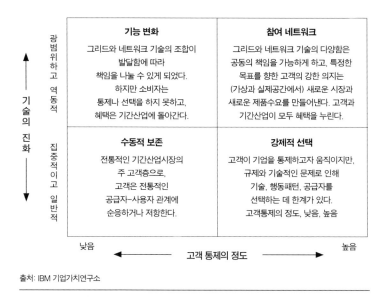

	기능 변화	참여 네트워크
광범위하고 역동적	그리드와 네트워크 기술의 조합이 발달함에 따라 책임을 나눌 수 있게 되었다. 하지만 소비자는 통제나 선택을 하지 못하고, 혜택은 기간산업에 돌아간다.	그리드와 네트워크 기술의 다양함은 공동의 책임을 가능하게 하고, 특정한 목표를 향한 고객의 강한 의지는 (가상과 실제공간에서) 새로운 시장과 새로운 제품수요를 만들어낸다. 고객과 기간산업이 모두 혜택을 누린다.
	수동적 보존	**강제적 선택**
집중적이고 일반적	전통적인 기간산업시장의 주 고객층으로, 고객은 전통적인 공급자-사용자 관계에 순응하거나 저항한다.	고객이 기업을 통제하고자 움직이지만, 규제와 기술적인 문제로 인해 기술, 행동패턴, 공급자를 선택하는 데 한계가 있다. 고객통제의 정도, 낮음, 높음

기술의 진화 →

낮음 ← 고객 통제의 정도 → 높음

출처: IBM 기업가치연구소

미디어산업의 교훈, 어떻게 적용할까?

미디어산업의 교훈을 다른 산업에는 어떻게 적용해야 할까? 여기서는 기간산업과 자동차산업에 대해서 다시 살펴보고 카지노와 식료품소매점에 대해서도 짚어볼 예정이다. 수동다수층, 적극수용층, 적극활동층이 어떻게 각 산업마다 다르게 적용되는지 자세히 알아보고, 각기 다른 요소를 가지고 어떻게 그들만의 행동 기반 고객세분화를 이루었는지 살펴본다.

IBM 기업가치연구소는 미디어산업의 수동다수층, 적극수용층,

적극활동층과 유사한 기간산업의 고객집단을 찾아냈다([그림 2-2] 참조). 에너지 비용이 상승하고 있으며 기후 변화에 대한 인식도 달라졌다. 또한 고객은 더 많은 통제와 선택을 할 수 있게 되었다.

기간산업의 행동 기반 분석은 가계소득을 나타내는 수평축과 의사결정자가 에너지 통제권을 넘겨받으려는 의지를 나타내는 수직축으로 측정된다. 소득이 높고 통제권을 넘겨받으려는 의지가 높은 사람들이 바로 기간산업 시장의 적극수용층이다. 이들이 바로 여유자금을 태양열발전기술이나 풍력발전기술에 투자하는 사람들이다.

상단 왼쪽은 '검소함을 추구'하는 적극활동층에 속한다. 그들은 값비싼 기술제품을 구매할 경제력이 없거나, 돈이 있어도 쓰고 싶어 하지 않는다. 그들을 위해서는 다소 싼 제품이나 에너지 사용을 통제하는 혁신적인 대안을 제시해야 한다. 하단 왼쪽과 오른쪽은 '수동적 사용료 지불자'와 '에너지 향락자'로 수동다수층을 형성한다. 수동적 사용료 지불자는 관성과 태만으로 인해, 에너지 향락자는 비용과 상관없이 에너지를 무제한으로 쓰기 때문에 변화를 거부한다.

행동 기반 분석은 기간산업 제공자에게 전통적인 공급 모델을 혁신하기 위한 기회를 제공한다. 스마트종량제 실험은 더 나은 정보를 통해 에너지를 다르게 사용할 수 있다는 것을 보여준다. 그렇게 함으로써 에너지 공급자는 다양한 가격 모델을 만들 수 있고, 고객 입장에서는 비수기에 에너지를 사용할 경우 낮은 가격을 지불할 수 있다. 또한 사용자가 집에서 중앙정보시스템을 이용해 전력을 통제하도록 하는 미래의 '스마트홈'을 연상해볼 수도 있다. 서비스 모델을 폭넓게 제공하면 회사에 출근한 다음에도 다리미를 껐는지 확인할 수 있고, 슈퍼마켓에서 장을 보면서 집에 있는 냉장고에 뭐가 있는지 확인할 수 있다.

자동차산업에서의 시장세분화

미래의 에너지기업은 소비자와 공급자 사이에 쌍방향 소통을 이용하여 고객의 소비행태를 알아낸다. 그렇다면 전통적으로, 판매하는 순간 소통이 끝나는 자동차산업은 어떨까? 새로운 행동에 따른 세분화는 자동차 산업에서도 마찬가지로 적용된다.

미디어산업과 마찬가지로 자동차산업은 자동차시장을 나이와 성별에 따라 세분화했다. 스포츠카는 테스토스테론이 넘치는 남성을 위해, 미니밴이나 해치백은 아이를 태우고 다니는 어머니를 위해 고안했다. 색상은 원하는 대로 선택할 수 있다. 그러나 자동차산업에서 수익을 창출하는 방법은 극히 한정되어 있다. 일시불로 판매하거나 할부로 판매하는 것이다.

자동차산업의 관점에서 수동다수층, 적극수용층, 적극활동층은 대안적인 가능성을 제시한다. 수동다수층 운전자는 당분간 전통적인 플랫폼을 고집하기 때문에 화석연료로 달리는 자동차에만 지속적으로 투자할 것이다. 적극수용층도 자동차를 살 것이다. 그러나 그들은 전방시현장치나 컴퓨터통제시스템과 같은 특정한 기술이 업그레이드되었는지 살펴보며 모델을 고른다. 적극수용층은 기계를 단순히 사용할 뿐만 아니라 기계를 가지고 이것저것 해보는 것을 좋아하기 때문에, 사용자가 기능을 통제할 수 있어야 한다.

수동다수층과 적극수용층의 행태를 잘못 분석한 예로는 2001년 BMW가 내놓은 아이드라이브가 있다. 시스템의 원리는 실내온도, 오디오, 내비게이션을 하나로 조작할 수 있게 함으로써 복잡한 물리적 통제명령을 단순화하였다. BMW는 아주 뛰어난 기술력으로 아이드라이브를 정교하게 설계했음에도 수동다수층에게는 너무 어렵게 느껴졌다. 그들은 사용법을 쉽게 숙지하지 못했다. 반면에 적극수용층은 시스템이 개인화되지 않는다는 사실에 실망했다. 아이드라이브가 사용자에게 익숙하고 개인화되기 전까지 수동다수층, 적극수용층 모두 만족하지 못했다.

SAP의 전 회장인 샤이 아가시^{Shai Agassi}가 설립한 신생 전기자동차 회사인 베터플레이스^{Better Place}는 적극수용층의 관심을 사로잡았다. 아가시는 전기차로 배기가스의 수준을 낮추려면 많은 사람들이 쉽게 운전할 수 있도록 해야 한다고 생각했다. 그래서 베터플레이스는 수익창출 모델을 완전히 새롭게 혁신했다. 자동차 가격을 1년 가스 충전비 정도의 비용으로 대폭 낮춘 것이다. 배터리 소유권을 고객에게 주지 않고 회사가 가짐으로써 제조비용과 이윤으로 인해 비쌀 수밖에 없던 자동차 가격을 내릴 수 있었다. 그리고 베터플레이스는 배터리 충천, 교체를 통해 지속적인 수익을 올린다.[16]

세분화 요약

	수동다수층	적극수용층	적극활동층
외적 특징	중장년층	얼리어답터	24세 이하
미디어 소비 습관	• 수동적으로 소파에 누워서 본다. • 주로 전통적인 미디어 사용(예: TV, 신문, DVD)	• 주로 경험과 관계됨. • TV, PC, 모바일	• 주로 소셜 경험과 관계됨. • 주로 모바일 사용
기기 선택	관심 없음	선구자	열광자
통제 정도	• 정규 프로그램 • 가끔 DVR 녹화방송	• 주로 방송 녹화 • 장소 제한이 없는 PC나 모바일기기 사용	• 시간 제한 받지 않음. • 모바일이나 물리적으로 복사한 것을 이용해 장소의 제한을 받지 않음.
주요한 혁신 접근법	• 가격 혁신 • 패키지된 상품	• 패키지 혁신 • 자기 스타일의 경험	• 지불자 혁신 • P2P나 제3자의 가격 지불 (예: 무료)
수익화	수익 유지	수익 향상	수익 창출

적극활동층은 자동차를 구입하는 데 그다지 흥미를 느끼지 못한다. 그들은 기차를 타거나 기분이나 상황에 따라 짚카^{Zipcar}와 같은 회사로부터 자동차를 빌려 탄다. 짚카는 미국에서 가장 큰 자동차 공유업체로 기본 1시간에서 4일까지 지정된 장소 어디에서나 자동차를 사용하고 연료비와 보험료를 포함한 이용료로 받는다.([표 2-1] 참조)

카지노의 시장세분화

앞에서 살펴본 기간산업과 자동차산업의 예를 통해 수동다수층과 적극수용층, 적극활동층이 몇몇 산업에서 어떻게 작동하는지 보았다. 하지만 이런 모델이 어디에나 유용하게 적용되는 것은 아니다. 자동차산업이나 서비스산업의 상품처럼 정보나 기술에 의해 크게 영향을 받지 않는 경우 특히 그러하다. 이러한 경우에는 그 산업과 관련된 기반을 이용하는 행태적 세분화가 필요하다.

카지노산업에서 이러한 문제를 어떻게 해결하는지 살펴보자. 카지노는 오래 전부터 고객세분화를 시행해왔다. 카지노산업은 돈을 따기보다 잃을 때가 더 많은 이용객들을 위해 무료로 객실을 빌려주는 등 다양한 프로모션 활동을 벌인다. 초기에는 카지노산업에서도 지리, 성별, 나이, 교육수준, 경제적 수준과 같은 인구통계학적 프로필에 따라 고객을 분류했다. 연례적으로 찾아오는 손님인가? 패키지여행을 통해서 왔는가? 개인적으로 초대를 받아 왔는가? 얼마나 먼 곳에서 왔는가? 이러한 정보를 통해 고객이 체류기간 동안 무엇을 하고 싶어 하는지 파악하고 개별 고객에가 가장 잘 맞는 판촉활동을 하기 위해 노력한다.

하지만 카지노산업도 경쟁이 점점 치열해지기 시작하면서 더 미묘한 부분까지 세부적으로 나누어 관리하기 시작했다. 고객의 실제 행동 패턴을 파악하기 위해 지금은 카지노에 머무르는 동안 고객이 무엇을 하는지(어떤 게임을 하는가? 얼마나 돈을 쓰는가? 어디에서 식사를 하는가? 무엇을 마시는가? 게임을 하지 않을 때는 어떤 활동을 하는가?), 어떻게 하는지(게임을 사교적인 형태로 친구와 하는가? 배우자와 함께 하는가? 혼자 하는가? 사람들의 관심을 받고 싶어 하는가? 조용한 분위기에서 침착하게 하고 싶어 하는가? 익명으로 남고 싶어 하는가?) 등을 세밀하게 파악한다.

카지노산업은 고객의 행동을 파악해 다음과 같은 다섯 가지 유형으로 분류한다.

- 인정중시형: 자신을 알아봐주기를 원하고 특별한 서비스와 대우를 받고 싶어 한다.
- 도피형: 오로지 게임만을 즐기며 혼자 있고 싶어 한다.
- 보상추구형: 보상 프로그램을 통해 자주 카지노를 찾는다.
- 사교형: 인맥을 중요시하며 강한 충성도를 보인다. 이들은 교류를 목적으로 카지노를 이용한다.
- 프로페셔널: 시스템을 이용해 돈을 벌어 간다.

이렇게 고객을 분석함으로써 수익창출에 도움이 되지 않는 프로페셔널 집단과는 거리를 두고 높은 수익을 가져다주는 사교형 집단은 자주 오게 만드는 고객별 대응이 가능해졌다.

카지노산업에서 행동 기반 분석을 이용한 대표적인 기업은 하라스엔터테인먼트^{Harrah's Entertainment}로, 그들은 세분화된 고객에게 행동 기반 데이터를 사용해 한 발짝 더 세밀한 접근을 한다. 하라스는 토탈리워드Total Reward라는 고객충성도 프로그램을 사용한다. 게임을 하기 위해 슬롯머신이나 게임기에 마그네틱 카드를 넣으면 지불한 금액만큼 포인트를 넣어준다. 그러면서 토탈리워드는 자동으로 고객의 행동을 추적해 기록하고 고객의 정보를 참고해 고객이 다시 카지노로 발걸음을 돌릴 만한 보상을 미끼로 제공한다. 매니저의 막연한 추측 대신에, 토탈리워드는 행동 기반 데이터를 통해 고객이 어떤 사람인지, 영업에 도움이 되는 사람인지 아닌지, 어떤 혜택을 주어야 고객이 다시 돌아올지 결정한다.

식료품 체인점의 시장세분화

식료품 체인점의 고객세분화는 회원카드에 입력된 정보를 바탕으로 소비행태를 분석하는 것에서 시작되었다. 이러한 접근은 상품 끼워 팔기, 전단지 상품 선정, 사회경제적 시장 공략 등을 결정하기 위해서 지난 수십 년 동안 지리적, 인구통계학적으로 접근했던 방법과는 사뭇 다르다. 1990년대 중반 영국에서는 신선한 농산물과 가공식품으로 판매하는 고급 식료품 체인점 세인스베리Sainsbury와 막스앤드스펜서Marks & Spencer가 서로 우월적인 위치를 차지하기 위해 치열하게 경쟁했다. 이러한 상황에 아스다Asda와 테스코Tesco가 최저가 정책을 내세우며 경쟁에 뛰어들었다.

테스코는 '클럽카드' 보상제도를 도입하면서 사회경제적으로 고객을 세분화했다. 고객은 이름과 주소를 적고 쇼핑을 할 때마다 카드를 제시해 할인을 받는다. 테스코의 시스템은 행동에 따른 구매정보를 확보하였고 고객들이 무엇을 자주 사는지 알려주었다. 이러한 정보를 이용해 테스코는 어떤 쿠폰을 어떤 고객에게 발행해야 고객이 재방문할지 알게 되었다. 쿠폰의 차별적인 발행은 모든 사람을 겨냥한 전단지보다 훨씬 효과적이었다. 일반적으로 식료품업계에서 쿠폰의 사용률은 1~2퍼센트 정도였으나 테스코 클럽카드 회원의 경우는 20퍼센트의 사용률을 기록했다.

테스코는 클럽카드 정보를 또한 전략적으로 사용했다. 예를 들면 월마트가 아스다를 인수합병할 때 테스코는 고객 데이터베이스를 활용해 꾸준히 최저가를 찾는 고객을 파악했다. 그렇게 해서 최저가를 고집하는 고객들이 슈퍼마켓에서 자주 사는 물건의 가격은 더 낮췄다. 결국 아스다를 합병한 월마트로 고객들이 옮겨가지 못하도록 붙잡는 데 성공했다.

한번은 테스코가 저가 브랜드인 폴란드빵을 매장에서 빼려고 하다가, 클럽카드 정보를 통해 폴란드 이민자들이 오로지 그 빵을 사기 위해서 테스코를 방문한다는 사실을 발견하였다. 결국 테스코는 폴란드빵을 없애는 대신 폴란드의 인기 있는 소시지 킬바사kielbasa 등 폴란드인의 구미에 맞는 여러 상품을 추가했다. 그로 인해 매출액이 급격히 상승했다.[19]

테스코는 정보를 이용해 고객이 무엇을 사는지 행동을 직접 파악해 고객의 행동에 따라 구매를 제안함으로써 차별화에 성공했다. 동네 주민과 상점, 심지어 사회경제적인 측면까지 고려했다. 하지만 테스코는 이러한 세부사항에만 의존하거나 행동을 유발하는 전략을 수정하는 데 그치지 않고 직접 실행으로 옮겨 구체적인 서비스를 제공했다.

현재 경제위기로 인해 가격은 더욱더 민감한 요소가 되었다. 최근 발표에 따르면 테스코도 클럽카드 효과가 감소함에 따라 전략을 수정하고 있다고 한다. 테스코의 접근법을 따라 한 다른 경쟁자도 생겨났다. 미국의 샘스클럽$^{Sam's\ Club}$은 테스코와 비슷한 방식으로 구매행태를 기초로 할인율을 조절했다. 비싼 연회비를 지불하는 '이벨류플러스$^{eValues\ Plus}$' 카드회원에 한해, 샘스클럽은 그들이 가장 자주 사는 제품에 차별화된 쿠폰을 제공한 것이다. 구매행동에 따라 고객마다 한 가지 같은 제품을 두고 완전히 다른 가격을 지불한다. 테스코처럼 샘스클럽도 쿠폰 사용률이 20~30퍼센트를 기록하고 있다.

시장세분화의 함정

나는 우리가 미디어산업에 맞게 개발한 행동 기반 세분화에 대해 두 가지 우려를 들었다. 이러한 우려는 어떠한 행동 기반 세분화에도 마찬가지로 적용된다. 첫째는 이러한 접근법이 너무 광범위하다는 것이다. 마케팅 전문가가 '개인들의 집단'에 대해 이야기하는 시대에, 시장을 단순히 서너 가지로 나누는 것은 그다지 타당해 보이지 않는다는 것이다.

기업은 각 집단의 고유한 경험을 전달해야 한다. 특히 디지털화된 제품을 공급하는 기업이라면 더욱 그러하다. 하지만 수동다수층, 적극수용층, 적극활동층과 같은 세 가지 세분화는 시장을 세분화하는 첫 단계에서만 한정적으로 사용되는 것이다. 행동에 따른 분석을 완벽하게 한 다음에 제품이나 서비스를 개인화하는 작업을 해야 한다.

이 책은 수익창출 혁신에 관한 이야기이지 제품 혁신에 대한 이야기는 아니라는 점을 기억하라. 기업이 개별 고객을 위해 각기 다른 수익창출 모델을 창조하는 것은 불가능하고 또 불필요하다. 미디어산업에서 창조해낸 행동 기반 세분화의 상위 단계는 수익창출 모델의 기회를 제공하는 단계이다. 그런 다음에 제품은 고객이 원하는 더 개인화된 모델로 다가갈 수 있다.

두 번째는 첫 번째 이유와는 정반대로 행동 기반 세분화가 지나치게 정교하다는 것이다. 경영자들은 왜 수동다수층이 굳건히 존재하는데 적극수용층과 적극활동층을 위해 무언가를 해야 하느냐고 묻는다. 노트북 때문에 TV를 보지 않는 사람들 중에도 수많은 수용자가 여전히 수요일 밤 8시에는 집에 있고 싶어 한다. 핵심고객층으로부터 여전히 많은 수익을 창출하고 있는 상황에서 기업이 변화의 필요성을 체감하기는 힘들다.

어떠한 산업이든 새로운 수익 모델 혁신으로 인해 기존의 수익이 감소하지 않을까 두려움을 느낀다. 고객은 세분화 집단으로 정확하게 나뉘지 않는다. 어떤 산업이든 한두 개의 집단에서 수익이 대부분 발생하기 때문에 혁신으로 인해 현재의 수익원이 위험에 처하지 않을까 고민하는 것은 지극히 타당하다.

하지만 이러한 사고방식은 위험의 본질을 잘못 해석한 것이다. 핵심 수익원이 파괴될까 걱정하는 것은 정책을 바꾸지 않으면 수익은 안전하게 유지될 것이라는 암묵적임 믿음 때문이다. 바꿔 말하면 고객이 변하지 않으리라 가정하는 것이다. 이러한 가정은 잘못된 것이다. 고객은 변하고 기존의 경쟁자나 새로 나타난 경쟁자가 변하는 고객에 맞춰 혁신적인 수익 모델을 제공하기 때문이다. 현재의 수익원을 지키기 위해 혁신을 미루는 것은 빠르게 흘러가는 경쟁사회에서 백기를 드는 것과 같다.

핵심 고객층의 리스크를 줄일 방법은 있지만 그래도 혁신은 여전히 필요하다. 작은 고객집단을 위한 새로운 수익 모델을 혁신하라. 특히 정보나 디지털에 민감하고 제품과 상호작용하면서 능숙하게 다루는 집단에 초점을 맞춰라. 이러한 실험은 잠재적인 수익창출은 물론 많은 혜택을 가져다준다. 또한 새로운 경험이 될 것이고, 핵심 고객층의 행동이 바뀔 때 적용할 수 있는 수익 모델을 미리 갖게 될 것이다.

고객이 이동하고 난 다음에는 새로운 혁신이나 엄청난 가치 제안 없이는 다시 고객을 되찾기 어렵다. 일이 벌어지고 난 다음 혁신을 복제할 수는 없다. 블록버스터는 넷플릭스에 맞서 우편배송방식을 실시하고 가격도 급격히 낮추었지만 결국 2006년 300만 회원을 확보한 뒤 급격히 추락했다. 반면 넷플릭스는 충성스런 1000만 회원을 확보하고 더욱 성장의 박차를 가하고 있다.[21]

블록버스터는 넷플릭스에 맞서 수동다수층을 붙잡고 적극수용층을 돌아오게 만드는 데 주력했지만, 뒤이어 발생한 또 다른 변화로 인해 수동다수층마저 잃고 말았다. 2007년 레드박스가 비디오대여산업에 뛰어든 것이다. 레드박스는 식료품점이나 약국처럼 이동인구가 밀집된 장소에 가판대를 세워두고 하루에 1달러만 받고 비디오를 대여해주었다. 2009년까지 가판대 대여점은 비디오시장의 19퍼센트를 장악했는데 이들은 대부분 기존의 비디오 대여 고객들이었다.[22] 블록버스터 역시 레드박스에 맞서 부랴부랴 가판대 대여서비스를 시작했다. 수동다수층을 상점 안으로 유인하기 위해 스낵, 음료, 전자기기 등 영화를 볼 때 함께 구매하는 상품들을 진열해놓고 판다.[23]

이렇게 미디어산업의 현상을 살펴보면 행동 기반 세분화와 수익모델 혁신이 왜 시급한지 알 수 있다. 많은 경영진이 시장에서 나타나는 새로운 움직임을 알아내기 위해서 고군분투하면서도 여전히 전통적인 수익의 흐름을 지키기 위해 안간힘을 쓰고 있다. 전통적인 수익을 놓치고 싶지 않은 욕구는 전혀 어리석은 것이 아니다. 지금 제품을 구매해주고 있는 고객을 유지하는 것은 중요하다. 그러나 그와 똑같이 그들의 구매력을 과대평가하지 않는 노력도 중요하다.

핵심고객층이 수익창출의 많은 부분을 차지할 수는 있지만, 집중구매고객은 대부분 여기에 포함되지 않는다. 소니뮤직엔터테인먼트의 국제디지털사업 사장인 토마스 헤세[Thomas Hesse]는 2009년 '이코노미스트 미디어 컨버전스'에서 소니뮤직 수익의 50퍼센트는 디지털 분야에서 나오는데 그중 15퍼센트만이 소니 고객이라고 말했다.

전통적인 인구통계학적 상관관계나 VALS분류법에 사로잡혀 기존의 수익원을 차지하는 핵심층에만 집중한다면 기업의 성장을 가능하게 하는 변화와 기회를 놓치기 쉽다. 집중하고 있던 핵심고객층의 변화가 눈에 보이기 시작할 때는 이미 기준가격이나 가치흐름, 수익원천에 다른 경쟁자가 자리를 차지하고 있을 것이다.

행동 기반 세분화의 세 번째 문제는 기업들이 대부분 어렵다고 느낀다는 것이다. 새롭게 고객세분화를 하고 목표고객에게 가치 있으면서도 개인화된 경험을 만들어주려면 전통적으로 수집하기 어려운 정확하고도 엄청난 데이터가 필요한데, 그러한 데이터를 수집하기도 어려울뿐더러 수집한 데이터를 필요에 맞게 해석하기는 더욱 어렵다고 생각한다.

그래도 디지털시대의 세분화로 인해 개인화가 더 쉬워졌다는 사실이 약간은 위로가 될 것이다. 디지털경제시대 이전에는 정보가 일방적으로 흘렀다. 즉, 제품에서 소비자에게로만 흘렀다. 그래서 고객과 개별적으로 상호작용할 수 없었고 선호도나 경향을 파악하기 위한 정보를 쉽게 얻지 못했다. 특히 미디어산업의 경우 더욱 힘들었다. 가족이 TV를 함께 시청하고 연인이 함께 영화관을 간다. 하지만 이러한 취향이 항상 개인적인 소비와 연결되지는 않았다.

그러나 지금은 정보가 양방향으로 흐른다. 기업이 상품을 팔면 고객은 자신들이 무엇을 소비하는지 혹은 구매하는지 보여주는 데이터 기록을 남긴다. 사실 미디어산업은 오래전부터 이런 고객의 정보를 수집할 수 있는 도구를 가지고 있었다. 집집마다 있는 케이블 셋톱박스를 이용해 사람들이 무엇을 보고 있는지, 얼마나 오랫동안 보는지, 또 언제 채널을 돌리는지 확인할 수 있다. IP주소는 사람들이 무엇을 클릭하는지, 얼마나 오랫동안 그 페이지에 머무는지, 최종적으로 무엇을 구매하는지 알려준다. 뿐만 아니라 고객은 평점이나 댓글, 소셜미디어를 통해 직접 피드백을 하기도 한다. 전통적인 미디어는 이제 이러한 데이터를 수집하고 분석해 더 세분화된 패키지나 가격 모델을 개발하면 된다.

물론 쉬운 일은 아니지만 가능성은 흥미진진하다. 믿을 만한 데이터를 수집하고 유용한 분석 자료를 모아 적용해본 경험이 있다면 이러한 일들이 엄청나게 골치 아픈 일이라는 사실에 동감할 것이다. 데이터를 통해 우리는 고객의 과거 행동과 앞으로의 계획을 파악할 수 있다. 예상 가능한 분석은 이미 널리 알려졌거나 지나갔으며, 그러한 분석에 필요한 비용은 너무 비싸다. 결과적으로 어느 누구도 어떤 고객이 돈과 시간을 소비할 용의가 있는지 확신하지 못한다. 소비자 자신도 모른다. 하지만 그러한 불확실성이야말로 미리 시작하고 실험을 통해 배울 수 있는 기회가 크다는 의미이다. 지름길은 없다.

기업이 필요로 하는 행동 기반 데이터를 모을 수 있도록 도움을 받으려면 고객과 믿음을 구축하고 유지해야 한다. 여기서 말하는 데이터는 개인정보가 아니며 기업의 보안에 해당하는 정보가 아니다. 애플이 당신이 어떤 노래를 듣는지 알고, 나이키가 당신이 얼마나 자주, 오래 조깅을 하는지 안다고 해도 그다지 걱정할 일은 아니지 않는가? 하지만 적어도 영리를 추구하는 기업에게 자신의 정보를 제공하는 대신 어떤 가치를 받기를 기대하고, 모든 고객이 자신은 존중받기를 원한다. 그러므로 부당한 방법으로 정보를 모으고 활용하는 기업은 고객의 신뢰를 잃어 더 이상 데이터를 수집하지 못하게 되고 경쟁에서 엄청난 손실을 자처할 수 있다.

시장세분화의 교훈

미디어산업의 새로운 세분화 실험, 또는 세분화하지 않는 실험은 많은 교훈을 제공한다. 비디오대여산업과 음반산업의 예를 보면 주요 고객층의 행동만 지속적으로 파악할 때 어떤 위험에 처할 수 있는지 알 수 있다. 그렇게 해서는 어떤 변화가 닥쳐올지 알지 못한다. 수동다수층이 거실에 앉아 TV를 보는 동안 적극수용층과 적극활동층은 새로운 기술과 다른 제품을 통해 기존 제품의 결함과 수정이 필요한 부분을 찾아낸다. 무의미한 실험은 없다. 살아남는 실험은 머지않아 수동다수층이 있는 거실로 들어가 주요 고객층을 변화시킬 것이다.

수동다수층이 이렇게 변하면 수익도 보장되지 않는다. 「IBM 디지털고객설문조사」를 보면, 오늘날의 수동다수층은 몇 년 전에 비해 기술에 능숙하다는 사실을 확인할 수 있다. 5년 후에는 더욱 그럴 것이다. 고객집단의 행동을 관찰함으로써 기업은 이제 무슨 일이 벌어지고 있는지, 어떻게 하면 효율성을 높일 수 있는지 스스로 파악할 수 있는 기회를 얻는다. 직접 협상테이블에 자리를 잡고 앉아 시장의 가격과 조건을 만들 것이다.

고객으로부터 행동 기반 데이터를 수집해 만든 정교한 세분화는 창조적인 수익 모델을 창출할 수 있도록 도와준다. 그리고 실제로 변하고 있는 고객집단을 실험해볼 수 있다. 예컨대 「월스트리트저널」은 1년 전, 블랙베리 휴대폰을 사용하는 적극수용층을 대상으로 밤 11시에 기사를 전송하는 '얼리버드'라는 프리미엄 가격의 콘텐츠를 개발했다. 현관까지 배달되는 신문을 여전히 보고 싶어 하는 수동다수층에게는 그대로 구독서비스를 실시했다. 적극활동층을 위해서는 트위터에서 'WSJ(Wall Street Journal)'를 언급하는 사람들에게 무료구독을 제공하는 디지털프로모션을 했다. 이처럼 동일한 콘텐츠를 세 가지 집단에 맞게 각기 다르게 접근한 것이다.

행동 기반 세분화에 기초한 수익 모델이 자리를 잡으면, 기업은 고객이 제품이나 서비스를 어떻게 사용하는지 추적해 취향과 선호도를 알아낼 수 있는 위치까지 오르게 된다. 이로써 개인화 정도까지 파악할 수 있다. 「월스트리트저널」의 경우에는 이러한 가설을 생각해볼 수 있다. 사실 뉴스전송업체라면 밤 11시에 전송되는 기사에 흥미를 느끼는 고객은 적극수용층뿐이라는 사실을 인지하고 있을 것이다. 수동다수층은 여러 가지에서 하나를 선택해야 하는 상황을 귀찮아하고, 적극활동층은 밤 11시면 친구와 즐길 시간이다. 그렇다고 적극수용층이 기사의 모든 내용을 원할까? 금융전문가는 금융시장에 대한 내용을, 20대는 그저 금요일의 라이프스타일만 원할지 모른다. 또한 디지털화로 인해 콘텐츠를 이제 마음대로 섞을 수 있게 되었다. 그렇다면 경험과 실험을 통해서 가격과 콘텐츠를 이용한 최상의 조합을 만들어 내기만 하면 된다.

'최상의 조합'은 새로운 기술이 나타나거나 고객 기대치가 발달함에 따라 자주 변할 것이다. 그러니 다양한 고객집단의 수익 혁신에 대한 피드백을 모으고 더 나은 경험을 위한 아이디어를 지속적으로 모아야 한다.

시간이 지나면 나아진다

다행히도 웹상의 정보를 모으고 분석하는 기술 시스템은 사용할수록 나아지도록 설계되었다. 아마존 예를 들어보자. 1998년 아마존의 추천검색어에는 전혀 엉뚱한 것들이 올라왔다. 딸의 수업교재로

'마술적 사실주의'에 관한 책을 아마존에서 한 번 주문한 적이 있는 어떤 주부는 몇 년 동안이나 가브리엘 가르시아 마르케스^{Gabriel Garcia Marquez*}의 철 지난 광고를 봐야만 했다. 하지만 지금은 아마존의 추천 검색어가 소비자의 취향에 근접하고 있다. 취향을 벗어난 예외적인 구매는 걸러주기 때문이다. 구글 검색엔진은 현재 정보를 바탕으로 관련제품을 훌륭하게 찾아내줌으로써 검색시장을 지배하고 있다. 검색시장에서 한 번 거머쥔 성공은 계속 지속되리라 전망된다. 아마존이나 구글에서 자신들이 좋아하는 제품을 클릭하거나 구매할수록, 더 많은 데이터가 축적되어 취향에 맞는 제품을 추천해줄 확률은 높아진다. 이러한 접근법은 웹에서도 인기다. 넷플릭스와 판도라에서도 이미 이러한 추천 방법을 사용하고 있다.

웹 2.0 기술은 고객의 관점을 이해하기 위한 다른 방법도 제공한다. 기업이 검열하지 못하는 후기를 그대로 올리는 페이스북과 같은 소셜미디어를 통해 고객의 반응을 고스란히 노출한다. GM은 쉐보레 타호를 위한 소셜미디어 정책으로 30초짜리 광고를 소비자들이 직접 만들도록 했다. 하지만 어떤 창의력 있는 환경보호론자들이 연료를 많이 소비하는 타호를 풍자해 동영상을 만들었고 유튜브에서 많은 조회수를 기록했다.

동영상을 본 사람들 다수는 타호의 완패라고 여겼다. 그러나 GM

---

*1928년생. 콜롬비아 작가. 마술적 사실주의 기법을 사용한 라틴 아메리카의 대표적 작가 중 한 명으로 『백 년 동안의 고독』으로 노벨문학상(1982)을 받았다.

은 그동안 다가갈 수 없었던 고객군과 연결될 기회를 얻었다. 여기서 말하는 고객군은 환경운동가 커뮤니티가 아니다. 그들이 언젠가 SUV 시장의 고객이 되리라는 말은 더더욱 아니다. 바로, SUV의 외형 안전성 디자인을 좋아하지만 환경문제 때문에 고민하고 있는 보통의 운전자이다. GM은 환경을 고려하는 고객들이 자신의 생각을 말하게 하는 포럼을 개최해 오히려 대화의 장을 열고 인지도를 높였다. 아마존, 구글, 소셜미디어와 같은 기술 중심 기업이 수동다수층을 고려하지 않는다는 의미가 아니다. 그들도 수동다수층을 의식한다. 적극수용층과 적극활동층에 대한 분석이 정밀하게 이뤄지면 수동다수층을 위한 길을 찾을 수 있다.

이는 또한 수동다수층을 디지털시대로 더 빨리 끌어올 수 있는 방법이다. 가령 블록버스터의 온라인대여서비스를 이용하는 고객은 대여기록을 기초로 작성된 추천목록을 받을 수 있다. 블록버스터의 대여점에서 고객이 좋아하는 것과 싫어하는 것이 무엇인지 정보를 수집해 매장의 비디오 진열에 활용한다. 대여 유통업체도 매장의 기록으로 정보를 수집할 수 있다. 당장 개인화가 되지는 않겠지만, 여기서부터 시작하는 것이다.

오프라인이나 온라인의 다른 모든 산업도 마찬가지다. 금융서비스는 이러한 정보를 토대로 고객을 세분화하고 분석해 수십 년 동안 개인화해오고 있다. 온통 집안을 꾸미는 용품으로 신용카드 내역을 매우고 있는 고객에게 새로운 주택담보대출을 권해줄 수도 있다.

자동차 딜러는 공립학교 교사의 10개월 소득금액을 파악해 알맞은 자동차를 권해줄 수 있다. 가능성은 무궁구진하며 기업은 세분화를 통해서만 이를 실현할 수 있을 것이다.

이전의 방식에서 벗어나 보다 새롭고 정교하게 행동 기반 세분화를 하고, 이를 통해 수익창출 모델을 혁신하고자 한다면 어떻게 해야 할까? 수익창출 모델을 혁신하려면 먼저 기업의 전략, 구조, 운영 부분에서 함께 변화가 수반되어야 한다. 그렇다면 혁신을 계획하고 실행하기 전에 각 기업의 해당 부서에서 이와 같은 혁신을 실행할 수 있는지, 그 역량과 기술을 하나씩 평가해봐야 한다. 시장세분화를 하기에 앞서 다음과 같은 질문을 해보라.

전략

- 고객세분화와 각 고객집단의 성격에 대해 완전히 이해하고 있는가?
- 제품, 채널, 수익창출 모델에 대한 고객의 선호도를 이해하고 있는가? 또 그것이 어떻게 브랜드와 서로 영향을 주고받도록 하는지 알고 있는가?
- 다양한 고객집단으로부터 수익을 높이기 위한 차별화된 전략을 가지고 있는가?
- 각 고객집단의 현재가치와 미래가치를 파악하고 있는가?

구조

- 기업은 고객이 행동을 바꿀 때 변화된 행동에 유연하게 대처할

역량이 있는가?

- 소규모 고객집단을 위해 새로운 측정 기준을 개발하고 비용을 지불할 능력이 있는가?
- 디지털 채널을 통해 고객의 행동을 추적할 수 있는 시스템을 갖췄는가?

운영

- 고객집단을 나누기 위한 과정을 만들고 세분화에 맞춰 대응하고 있는가?
- 제품별, 지역별, 채널별로 집중하기 위해 조직을 정리했는가?
- 큰 고객집단을 대상으로 한 수익극대화와 작은 고객집단을 대상으로 한 맞춤수익에 모두 적응할 수 있을 만큼 기업의 운영 방식이 유연한가?

pricing innovation

Not for Free

Saul J. Berman

2

가격 혁신

가격 혁신

졸업파티에 가는 남학생은 '빅 이벤트'를 기대하며 턱시도를 빌린다. 여학생은 어떨까? 졸업파티의 여왕이 되기 위해 신중하게 드레스를 고를 것이다. 하지만 드레스를 고를 때 선택 조건은 제한적이다. 자신의 옷장에서 고르거나, 친구 옷을 빌려 입거나, 아니면 값비싼 새 드레스를 사야 한다. 하지만 가지고 있는 예산으로는 유행을 선도하는 드레스를 구입하기가 쉽지 않다. 누구도 특별한 날에 '유행이 지난' 옷을 입고 싶어 하지 않는다. 빌려 입는 옷은 몸에 잘 맞지 않거나 어딘지 어색하다. 새 드레스를 장만하는 비용은 딸을 가진 부모라면 누구나 알고 있듯이, 눈이 휘둥그레 해질 만큼 비싸다. 아, 게다가 액세서리도 챙겨야 한다는 사실을 잊지 말길.

패션계의 신생기업인 렌트더런웨이^{Rent the Runway}는 이러한 고민을 단방에 해결하면서 큰 성공을 거두었다. 렌트더런웨이는 MBA를 갓 졸업한 두 명의 여성이 비즈니스 모델의 가능성을 확신한 후 창업한 온라인 의류대여업체다. 이곳에선 50~200달러 정도면 명품 브랜드 드레스를 4일 동안 대여받을 수 있다. 실제로 옷 한 벌 값이면 한 계절 입을 드레스를 모두 대여할 수 있다. 패션을 중요하게 생각하는 젊은 여성층에게 이 가격은 충분히 저렴하게 느껴진다.

드레스가 맞지 않을까 봐 걱정이 되는가? 렌트더런웨이 사이트에는 사이즈에 관한 상세 정보가 올라와 있고 스타일리스트가 전화와 온라인 채팅을 통해 패션에 대해 조언을 해준다. 그리고 사이즈에 대한 걱정을 확실히 해결하기 위해 두 가지 사이즈를 배송해준다. 또한 입었을 때 생길 수 있는 주름이나 들뜸 현상을 해소하기 위해 의류용 양면테이프와 브래지어 조절끈으로 구성된 '맞춤용 상자'도 함께 보내준다.

렌트더런웨이는 창업 전에 베타테스트 모델을 고용하고 친구와 가족 네트워크를 통한 홍보, 마케팅 활동을 활발히 펼쳐 2009년 11월 창업할 때 이미 회원을 2만 명이나 확보했다.[1]

무엇을, 언제 지불할 것인가

렌트더런웨이의 이야기는 이 책에서 살펴볼 세 가지 수익창출 혁신 중 첫 번째인 가격 혁신 사례이다. 가격 혁신은 기존 제품의 가격 모델을 얼마로 책정할지, 언제 지불하도록 할지 다시 따져보는 것이다. 여기서 살펴볼 가격 모델은 구독제, 기격가변제, 부분가격제, 묶음가격제, 개별가격제, 대여가 있다. [그림 3-1]은 가격 혁신 모델의 전체 그림이다. 시장에서 자발적으로 생성된 이 친숙한 가격제들은 모두 한 번쯤 사용해본 적이 있을 것이다. 혁신은 관련 산업의 가격

[그림 3-1]

가격 혁신 모델

구조를 깨면서 얻는다. 렌트더런웨이는 일반적으로 판매를 통해 수익을 창출하던 패션산업에 대여라는 획기적인 가격 모델을 들고 나왔다.

가격 혁신은 동일한 제품에 다른 가격을 제안하여 기존 고객층이 아닌 다른 고객층을 겨냥함으로써 실현한다. 필요하다면 가격 혁신은 지불자 혁신, 패키지 혁신과 함께 결합하여 시도할 수 있다(자세한 이야기는 제3장 지불자 혁신 부분을 참고하면 된다).

지금까지는 다른 고객집단을 고려하여 가격 모델을 혼합하는 경우가 많지 않았다. 가격 혁신이 자신이 만드는 제품의 매출을 서로 갉아먹을까 봐 두려워 그렇게 많은 기업이 주저하고 있었을지 모른다. 하지만 그럼에도 불구하고 미디어산업을 비롯한 여러 산업에서 받아들이는 가격 혁신에는 무수한 교훈이 있고 아직 실행해볼 여지가 많이 남아 있다.

가격에 대한 지불자의 태도

과연 고객이 지갑을 열까? 이 고민은 새로운 비즈니스 모델에 대해 생각할 때마다 항상 하게 되는 질문 중 하나다. 완벽한 비즈니스 계획을 세우고도 이 고민 때문에 실행에 발목을 잡히는 경우가 많다. 오늘날과 같은 디지털경제시대에는 이러한 고민이 더욱 시급한 문제로 새롭게 다가온다. 그러나 고객이 디지털제품에 지갑을 열지 않을 거라는 고민은 도가 지나친 걱정이다. 많은 전문가들이 우려한 극단적인 사태는 미디어산업에서도 결코 발생하지 않았다. 무료 콘텐츠를 둘러싼 수많은 논쟁이 있었던 것과는 달리, 고객들은 대부분 디지털 상품에 돈을 지불하고 있다. 사용량, 선호하는 기기, 사용하는 장소, 디지털 고객의 흥미를 끌 만한 요소 등과 가격 구조를 효과적으로 연동한다면 더 많은 사람들이 기꺼이 지갑을 열 것이다. 따라서 지금 우리가 해야 할 질문은 '고객들이 어떻게 지불할까?'라는 것이다.

'지불용의(WTP, Willingness-To-Pay)'라는 개념은 참 흥미롭다. 때로는 고객이 제품을 어떻게 생각하도록 길들여졌는가에 따라 달라지기도 한다. 가령 은행은 통장 잔고를 일정 금액 이상 유지하는 고객들에게 ATM, 전화, 인터넷으로 계좌에 접속할 때 수수료를 받지 않는다. 계좌에 돈을 넣어둔다는 말은 은행에 지속적으로 '지불'하고 있다는 뜻이기 때문이다. 은행은 그 돈을 빌려주어 계속해서 이자 수익을 내고 있다. 하지만 고객의 눈에는 그것이 보이지 않기 때문에 대부분 폰뱅킹, 인터넷뱅킹, 오프라인 은행 거래 서비스가 무료라고 생각한다.

이렇듯 제품이나 서비스를 전달하는 비용과 '가격' 사이에서 혼란이 생기면 나중에 조건이 다른 상품으로 전환하거나 계좌를 개설할 경우 문제가 발생할 수 있다. 고객은 서비스를 공짜라고 생각하고 있기 때문에 오히려 두 배의 서비스를 받을 거라 기대하고 기대가 충족되지 못하면 지불하지 않으려 한다. 이는 유명한 행동경제학자들의 연구결과에도 나온다.[2]

행동경제학자들은 이러한 현상이 기준가격과 관련이 있다고 말한다. 고객들은 상품을 처음 살 때 자신이 지불한 가격이 그 상품의 적정 가격이어야 한다고 믿는다. 어떤 상품의 가격이 무료라고 분명하게 각인되면, 고객은 그 상품의 가치에 상관없이 지불해야 할 비용이 없다고 생각한다. 기준가격의 영향력은 인터넷시대에 두드러지게 나타났다. 많은 디지털상품 공급자들이 초기에 최소한의 광고비용으로 공짜 서비스를 시행하다가 시간이 지나고 고객이 서비스에 익숙해지고 나면 유료 서비스로 전환하고자 하였다. 하지만 지불모델을 전환할 때가 왔을 때, 고객들은 이를 받아들이지 못했다. '기업에서 기준을 만드는 대로 고객은 따라온다'라는 기업정신을 가지고 있던 웹기업들은, 초기의 공짜 서비스가 만들어놓은 '인터넷은 공짜'라는 고정관념을 깨지 못해 무려 지난 10년 동안 온라인 사용자들을 유료 구독자로 전환하도록 하기 위해 애를 먹고 있다.

가격에 대한 지불자의 사고방식은 제조비용이 최종소비자가 지불할 수 있는 것보다 클 경우에도 판매자에게 불리하게 작용한다. 가령 질 좋은 신문과 잡지는 소속 기자와 에디터 인건비와 출판비까지 합치면 생산에 드는 비용이 엄청나다. 1990년대 한 경제연구소에서 발표한 바에 따르면, 발행부수가 현재와 똑같이 유지된다는 가정 하에 신문을 생산하는 데 드는 비용을 모두 반영할 경우 신문 구독료와 가판대에서 판매하는 가격은 지금보다 4~5배 정도 높아져야 한다.[3]

독자는 물론 실제 생산단가를 알 수 없다. 신문사는 광고 수입으로 신문의 가격을 보조하기 때문에 독자들은 가판대에서 한 부에 5달러로 신문을 살 수 있다. 정기구독을 하면 가격은 더 저렴해진다. 그에 따라 고객의 기대치는 결정되는 것이다.

이는 다른 산업에서도 마찬가지다. 미국의 휘발유는 1리터당 2.5달러다. 미국 시민을 붙잡고 이 가격에 대해서 어떻게 생각하는지 물어보라. 아마 대부분 '비싸다!'고 할 것이다. 시민들 대다수의 머릿속 기준가격은 15년 전 가격인 1.5달러이기 때문이다. 이러한 가격연상은 재생에너지의 가격을 판단할 때에도 중요한 기준이 될 수 있다. 사람들은 오늘날의 휘발유 가격과 비교하지 않고, 무의식적으로 기준가격과 비교하기 때문이다.

앞서 말한 두 가지 예는 모두 저렴한 대체재가 있는 경쟁이 치열한 산업에서 나온 것이다. 두 산업의 예는 모두 '부가가치'를 생산한다고 해서 적극적인 고객이 항상 그것을 구매하지는 않는다는 것을 잘 보여준다. 영향력이 크고 독립적인 신문을 보존하는 것은 책임 있는 민주사회를 유지하기 위한 기본적인 요건으로 여겨진다. 그러나 미국의 신문들을 보면 그렇지만도 않다. 「뉴욕타임스」는 독자 수가 감소해 경영 부진을 겪다가 2009년 멕시코의 백만장자 카를로스 슬림Carlos Slim에게서 2억5,000천만 달러를 급하게 빌렸다. 그렇다고 위기를 완전히 벗어난 것은 아니다.[4] 「뉴욕타임스」는 여전히 수익 모델을 창출하지 못해 허덕이고 있다.

위의 예는 좋은 상품들이 고객의 수요를 이끌어낼 올바른 가격 모델을 찾지 못하는 이유를 대략적으로 보여준다. 이제부터 미디어산업을 비롯해 여러 산업에서 수익을 창출하기 위해 시도했던 가격 모델의 장단점을 살펴보고자 한다. 다양한 가격 모델을 살펴보면서 다시 한 번 행동 기반 세분화의 중요성을 상기해야 한다. 당신이 속한 산업에서 수동다수층은 가격 혁신과 관계가 없을지 모르지만, 다른 고객집단이나 새롭게 등장하는 고객집단을 효과적으로 공략할 수 있는 길을 찾는 데 도움이 될 것이다.

구독 모델

구독은 오랫 동안 신문, 잡지, 케이블TV 등 미디어의 고전적인 가격 모델로 자리를 잡았다. 디지털화는 이런 고전적인 구독 모델의 혁신을 손쉽게 만들었다. 또한 시간이나 소비량을 기준으로 삼는 제한된 기존의 구독 모델에서 벗어나 시간이나 소비량에 제한이 없는 구독제도 가능하게 되었다. 디지털화가 가져온 구독 방식의 유연성은 출판산업에서 특히 많이 찾아볼 수 있다. 기존에는 신문을 구독하는 데 있어 유일한 선택 기준이 '언제'였다. 오로지 매일 구독하거나, 주말에만 구독하거나, 아니면 주중에 구독하거나 그 세 가지 방법밖에는 선택할 수 없었다. 하지만 지금, 디지털시대에는 무엇을 어떤 방법으로 받을지 훨씬 더 복합적인 선택을 할 수 있게 되었다.

경제신문을 발행하는 독일의 미디어그룹 악셀슈프링거^{Axel Springer}는 2009년 12월 온라인에서 일반적인 관심사를 담은 콘텐츠에 새로운 가격 모델을 선보였다. 슈프링거는 유럽에서 가장 많이 유통되는 타블로이드 일간지 「빌드^{Bild}」와 고급 신문 「디 벨트^{Die Welt}」를 온라인으로 출간한다. 스프링거의 온라인 지불계획 첫 단계는 아이폰 앱을 통해 구독료를 지불하도록 하는 것이었다. 또한 도이치텔레콤^{Deutshe Telekom}과 손을 잡고 소액결제 옵션을 포함한 다른 구독 모델을 개발해 전화 결제도 가능하도록 했다.[5]

「뉴욕타임스」는 다른 접근법을 선택했다. 디지털화가 처음 시작될 때 「뉴욕타임스」는 수많은 구독접근법을 시도했다가 실패를 맛보았다. 그중 종이 신문과 온라인 신문을 구독하는 회원들에게만 칼럼리스트 기사와 선데이매거진을 볼 수 있도록 허용한 '타임셀렉트' 서비스가 유명하다. 그러나 2008년 「뉴욕타임스」는 타임셀렉트 서비스를 중단하고 누구나 무료로 기사를 읽을 수 있게 정책을 바꿨다. 온라인 접속자 수가 많아져 서버 관리 비용이 높아지더라도 그만큼 광고 수익도 늘어나 충분히 비용을 충당할 수 있다고 생각한 것이다. 하지만 생각대로 되지 않았다. 결국 2009년 말 「뉴욕타임스」는 2011년부터 종량제서비스를 도입하겠다고 발표하기에 이르렀다. 종량제서비스는 「파이낸셜타임스」가 현재 실시하고 있는 가격제도로 비구독자도 매달 몇 꼭지씩은 공짜로 읽을 수 있지만, 일정 양을 넘어가면 돈을 내야 하는 서비스 형식이다.[6]

구독 모델의 유연성을 보여주는 이 대담한 정책은 「타임」이 후원하는 잡지포털사이트 매그하운드MagHound에서 볼 수 있다. 매그하운드는 다양한 잡지를 제공하는데, 3개, 5개, 7개의 잡지를 선택해 매달 구독료를 낸다. 또한 원한다면 중간에 잡지의 종류를 바꿀 수도 있다. 예컨대 결혼을 앞둔 예비 신부는 결혼정보잡지인 「모던브라이드」를 구독하다가, 결혼식이 끝나면 주부생활잡지 「모던리빙」으로 바꿀 수 있다. 온라인에서뿐만 아니라 집에서도 잡지를 받아 볼 수 있지만 정보를 유용하게 활용하는 데는 한계가 있다. 완전히 디지털화된 잡지의 경우 필요한 기사를 모두 자르고 붙여서 보관할 수 있으며, 필요할 때 쉽게 다시 찾아서 볼 수 있지만 종이 잡지는 여러 모로 더 번거롭고, 또 불가능한 부분도 있기 때문이다.

구독 모델은 콘텐츠 공급자가 특정한 콘텐츠에 대한 고객의 관심만 이용하지 않고 다른 환경에서는 다른 기기를 사용하는 고객의 성향을 잘 이용한다면 더욱 흥미롭게 발전할 것이다. 예를 들면 「타임」는 지면구독자에게 온라인 콘텐츠를 무료로 제공하지만, 킨들로 제공하는 콘텐츠는 제공하지 않는다. 이성적으로 보면 고객은 이미 손에 쥔 것에 대해서는 다시 돈을 내지 않을 것 같지만 현실은 그렇지 않다는 것을 보여준다. 미디어산업의 윈도잉 기법은 똑같은 콘텐츠를 다른 기기로도 보고 싶어 하는 인간의 욕구를 오랫동안 이용해왔다. 사람들은 극장이나 케이블방송으로 이미 본 영화라도 DVD를 산다. 영화는 물론 음악도 구현하는 기기가 달라지면 또 산다.

출판 이외의 산업에서 구독 모델의 적용

인쇄매체 외에도 소비자가 매일 혹은 주기적으로 사용하는 제품에는 구독 모델을 쉽게 적용할 수 있다. 규칙적, 주기적으로 구독하는 고객에게 할인을 해주면 구매자는 편리하게 비용 절감 혜택을 누릴 수 있다. 온라인 음악서비스 냅스터는 다운로드 횟수만큼 요금을 받다가 월, 분기, 년 단위 구독제로 바꿨다. 구독자에게 음악을 다운로드할 수 있는 '크레딧'을 제공해 어디서나 좋아하는 노래를 저장할 수 있도록 했다. 마찬가지로 넷플릭스도 빌리는 만큼 돈을 내던 전통적인 비디오대여 모넬을 구독 모델로 혁신했다.

미디어산업 이외에도 전통적으로 다른 가격 모델을 사용하던 산업에서 구독 모델이 적용되기 시작했다. 예컨대 온라인 주식중개사이트들은 이제 거의 대부분 매달 정액수수료를 받고 있다. 뉴욕의 온라인 식품유통업체 프레시다이렉트^{FreshDirect}는 주요 이용고객에게 구독제를 적용해 배송료를 할인해준다. 한 번 주문할 경우 배송료는 6,000원이지만 정기구독을 하게 되면 6개월 동안 '무료배송'을 해준다. 아마존의 연간 구독제인 프라임 서비스는 주문하면 바로 다음 날 배송해주는 '익일배송'서비스를 제공한다. 또한 특정 상품을 '구독'하면 장기간 정기적으로 화장지, 기저귀, 주방세제와 같이 소비 빈도가 높은 제품을 할인해주기도 한다.

한때 사용 건당 과금제가 우세했던 산업에서 구독 모델이 성공한 또 다른 예로는 AAA^{American Automobile Association}의 긴급출동 서비스가 있다. AAA는 타이어가 터지거나 갑자기 차가 고장이 났을 때 전화 한 통만 하면 즉각 달려온다. 구독기간이 끝났는데 어느 날 폭설에 타이어가 망가지는 일이 발생했을 경우를 가정해보면, 고객들은 불안을 느낄지도 모른다. 그래서 때로 가격 모델은 고객 심리와도 밀접하게 연관되어 있다. 미국의 의료산업에서도 비슷한 시도가 일어났다. 물론 어떤 면에서 보면 건강보험도 의료산업의 구독 모델이라 할 수 있다. 많은 공급자들이 의료산업의 현재 비즈니스 모델을 탈피하기 위해서 구독과 같은 가격 혁신을 시작했다. 멕시코 몬테레리의 주요한 의료서비스 공급자인 프리메딕^{Primedic}은 가난한 지역 시민을 위해 '회원제'를 실시하고 있다. 연간회비를 내면 프리메딕과 제휴한 치과 세 곳에서 무제한으로 주요 서비스를 받을 수 있고 관련 진료를 받을 때 할인을 받을 수도 있다.

연속가격

책이나 음악처럼 수집 가능한 상품은 구독의 다양한 형태 중 하나인 '연속가격'모델을 적용할 수 있다. 연속가격은 BMG^{Bertelsmann Music Group}와 같은 회사로 인해 활성화되었는데, 회원으로 가입하면 매달 추천 상품을 보내준다. 만약 받은 상품을 반납을 하지 않고 일정 기간이 지나도록 보유하고 있으면, 구매로 확정되어 청구서가 날아온다(책과 음악은 보통 할인이 된다). 물론 반납하면 아무것도 지불하지 않는다. 이러한 연속가격 모델은 많은 사람들이 상품을 돌려보내려고 하다가도 기한을 놓치거나 결정을 미뤄서 일단 가지고 있게 되면, 반납할 가치를 느끼지 못하는 고객의 심리를 이용한 것이다.

연속가격은 음악, 책, 와인클럽 등 많은 제품에 사용되어왔다. 아날로그적이긴 하지만 지적인 고객집단에 충분히 저렴한 가격으로 물건을 파는 방법이다. 제대로 활용하면 '이것은 이래서 좋고 저것은 저래서 좋다'고 생각하는 고객에게 다양한 상품과 서비스를 제공할 수 있다.

가격가변제

킨들로「뉴욕타임스」를 보려면 한 달에 13.99달러를 지불해야 한다. 집으로 신문을 배달해서 보면 25달러를 내야 한다. 온라인으로 구독할 경우에는 몇몇 제한된 콘텐츠가 있긴 하지만 가격은 무료다.

이처럼 플랫폼에 따라 가격을 다르게 적용하는 것이 변동가격이다. 누가, 어떤 플랫폼으로, 얼마나, 언제 구매하는지, 언제 소비하는지 등에 따라 제품의 가격이 달라진다.

시간이 지나면서 가격이 달라지는 모델도 있다. 곡당 0.99달러를 받던 아이튠즈는 최근 다양한 가격 모델을 실시하기 시작했다. 다소 덜 인기 있는 곡은 0.99달러를 유지하고, 최고 인기곡은 1.29달러까지 올렸다. 고객의 항의도 다소 있었는데, 무엇보다 애플의 기준가격은 0.99달러라는 소비자의 심리적 기준 때문이었다.

아마존은 모든 전자책 가격을 9.99달러로 책정하려고 했다. 출판사에 이보다 높은 금액을 지불해야 하는 책조차도 9.99달러로 판매할 예정이었다. 하지만 기준가격의 개념을 이해하고 음반산업을 통해 많은 교훈을 얻은 출판사들이 아마존에게 변동가격제를 시행해야 한다고 설득했다. 결국 신간이나 베스트셀러는 스테디셀러보다 높은 가격으로 책정되었다.

가격가변제에는 단순 가변제, 역동적 가변제, 요금제 세분화나 프리미엄과 같은 교차보조금제, 경매낙찰가나 원하는 대로 지불하는 사용자지정가격제가 있다.

많은 기업이 가격가변제와 같은 특정한 가격 접근법에 신중하다. 기존 고객이 가격 모델의 변화를 거부하지나 않을지, 다양한 가격 모델 안에서 자본 잠식이 발생하지는 않을지 우려한다. 고객에게 가격가변제 중에서 아무거나 선택할 수 있는 권한을 주면 모두 가장 싼 것만 찾아 결국 수익과 마진이 줄어들 것이라 걱정한다. 현실적으로 타당한 걱정이다. 하지만 앞으로 살펴볼 변동 가격 모델 접근법을 하나하나 살펴보면 분명히 판매자와 구매자 모두를 위한 접근법을 찾을 수 있을 것이다.

단순 가변제

단순 가변제는 동일한 상품이나 서비스를 언제 어디서 구매하느냐에 따라 가격이 달라지는 모델이다. 같은 제품의 가격이 소매점마다 다르거나, 같은 소매점에서 같은 제품이라도 계절에 따라 가격이 다르다. 예를 들어 센트럴파크에서 똑같은 생수 한 병을 사더라도 12월에 사면 1.5달러를 지불해야 하지만 7월에 사면 3달러를 지불해야 한다.

가격을 바꾸기 쉬워지면서 더 많은 곳에서 단순 가변제가 나타나고 있다. 가격표를 다시 부착하거나 가격 정보를 일일이 고객에게 제공하지 않아도 되는 조건에서는 단순 가변제를 쉽게 적용할 수 있다. 전 세계의 많은 도시에서 사용되고 있는 단순 가변제의 대표적인 예로 교통혼잡비용이 있다. 도로교통의 원활한 관리를 위해 만들어진 교통혼잡비용은 통행량이 많은 시간대에는 비용을 많이 받는다. 예를 들면 낮 시간대에 런던 시내로 들어가려는 모든 운전자는 혼잡비용을 지불해야 한다. 그러나 통행량이 적은 시간대에는 적게 낸다. 뉴욕의 시장 블룸버그Michael Bloomberg도 영국과 비슷한 제도를 도입하려고 했으나, 그저 출퇴근 혼잡시간대에 조지워싱턴 다리를 건너거나 뉴욕으로 가는 다른 진입로에서 2달러 정도를 더 받는 것으로 만족해야 했다.

역동적 가변제

역동적 가변제와 단순 가변제의 차이점은 예측이 가능한가, 그렇지 않은가에 따라 달라진다. 단순 가변제에서는 장소에 따라, 시간에 따라, 상황에 따라 가격이 어떻게 바뀌는지 어느 정도는 짐작을 할 수 있다. 예를 들면 누구나 휴양지 리조트에 안에 있는 상점의 기념품 가격은 다른 곳보다 훨씬 비싸리라는 것을 추측할 수 있다. 하지만 역동적 가변제는 예측이 훨씬 어렵고 가격의 폭도 크다. 역동적 가변제 모델에서 상품과 서비스의 가격은 다양한 요인에 의해 순간적으로 결정된다. 그중 많은 부분이 예측하기 쉽지 않다. 지금 가격을 확인하고 5분 후에 다시 확인하면 가격이 달라진다.

역동적 가변제는 여행산업과 호텔산업에서 가장 친숙하게 쓰이는 접근법이다. 비행기 항공권과 호텔 객실의 가격은 비행기나 호텔의 예약 상태나 마감 기한이 얼마나 남았느냐에 따라 역동적으로 오르내린다. 역동적 가변제는 시간이 지남에 따라 상품의 영향력이 없어질 수 있기 때문에 이러한 요인이 작용한다. 이는 잘 익은 과일이 시간이 지남에 따라 가격이 달라지는 것과 같다.

역동적 가변제는 또한 수요가 하루 사이에 또는 1년 사이에 달라지는 산업에서 작용한다. 여행산업은 전통적인 역동적 가변제의 원산지라고 할 수 있다. 그 외에 전기 제품이나 음료와 같은 다른 제품에서도 차츰 적용되고 있다. 코카콜라는 일본에서 센서가 달린 자동판매기를 설치했다. 외부 온도, 시각, 남아 있는 재고의 양에 따라 자판기 속 음료의 가격이 달라진다. 콜라의 가격은 고객이 기꺼이 지불할 만한 정도까지 금액이 올라간다.[7]

역동적 가변제 정책에서 판매자가 마진이 높은 가격만 고집한다면 위험하다. 고객이 가격이 바뀌는 원인을 이해하지 못하거나 합리적이지 않다고 생각한다면 아주 부정적인 태도를 보일 것이다. 실제로 역동적 가변제 모델을 잘못 적용할 경우 법적으로 문제가 될 수도 있다. 자연재해가 일어났을 때 상품의 가격을 엄청나게 올릴 경우, 이는 역동적 가변제라기보다는 사기라 할 수 있다. 역동적 가변제를 올바르게 실시하려면 많은 사전조사와 작업이 필요하고 가격 이론에 대한 합당한 배경지식을 가지고 있어야 한다.[8]

교차보조제

교차보조제는 상품의 수요를 창출하기 위해서 어떤 제품을 끼워주거나 대폭 할인하는 것을 말한다. 교차보조제는 면도날 모델, 역면도날 모델, 요금세분화의 세 가지로 나눌 수 있다.

면도날 모델은 질레트가 면도기를 공짜로 주는 대신 면도날에 상당한 마진을 붙여 판매한 가격 정책으로 널리 알려져, 오늘날까지 다양한 상품에 적용되고 있다. 월스트리트의 트레이더들이 사용하는 블룸버그 터미널이나 티보도 면도날 모델의 한 예이다.

컨설턴트이자 기업인인 랜디 코미사^{Rnady Komisar}에 의하면, 티보는 원래 하드웨어 기기를 팔 목적으로 만들어졌다고 한다. 하지만 코미사는 기기만으로는 수익을 창출하기 어렵다고 조언했고, 티보의 창업자는 결국 하드웨어에는 손실을 보면서 파는 대신 티보의 독창적인 인터페이스와 소프트웨어를 최대한 활용하여 돈을 버는 모델을 만들었다.[9] 셋톱박스나 케이블모뎀을 거의 공짜로 대여해주는 케이블업체도 이 장비를 통해 공급하는 서비스로 수익을 창출한다. 휴대전화 서비스도 비슷한 전략에 의존한다. 보조금을 지급하거나 공짜로 단말기를 제공하고 사용료나 추가적인 비용으로 수익을 얻는다.

두 번째 교차보조제는 점점 인기가 높아지고 있는 역면도날 모델이다. 이는 애플이나 아마존에서도 시행하고 있는 모델이다. 예컨대 애플은 장비를 가장 비싼 금액으로 판매하고 앱스토어와 아이튠즈를 통해서 그 기기에서 사용할 수 있는 콘텐츠와 어플리케이션을 판매한다. 콘텐츠는 기기의 가치를 더해줄 뿐만 아니라 기기를 쉽게 사용할 수 있도록 도와준다. 애플의 수익은 면도날에서도 나오지만 진짜 수익은 면도기에서 나온다. 즉, 아이폰, 아이팟, 아이패드와 같은 하드웨어를 팔아서 돈을 버는 것이다. 애플 사용자들은 제품을 2~3년에 한 번씩 교체한다. 애플에게 음악파일과 앱은 면도기의 가치를 더해주는 값싼 면도날과 같다. 아마존도 역시 킨들(면도기)을 팔아 수익을 내고 전자책(면도날)은 킨들의 가치를 더해주는 역할을 하는 것이다. 아마존은 킨들용 전자책을 다른 전자책보다 훨씬 싸게 판매한다.

교차보조제의 세 번째 모델은 요금세분화이다. 동일한 상품에 별개의 가격을 붙여 특정 고객집단에 효율적으로 가격을 보조한다. 예를 들어 제약회사는 개발도상국에서는 저렴하게 약을 제공하고, 경제적으로 부유한 나라에서는 시장가격을 받는다. 디지털 공간에서 요금세분화는 더 많은 제품으로 보상을 해주거나 기능을 추가함으로써 높은 가격을 보완한다.

'프리미엄'은 요금세분화에서 흔하게 적용되는 개념이다. 벤처투자가 프레드 윌슨Fred Wilson이 처음으로 이름을 붙인 프리미엄 서비스는 고객이 어떠한 위험도 부담하지 않고 제품을 테스트해볼 수 있도록 제품을 공짜로 제공하는 것을 말한다. 온라인 독자에게 제공하는 무료 콘텐츠가 바로 프리미엄 서비스의 하나라고 할 수 있다. 물론 비용을 지불한 구독자에게는 더 많은 콘텐츠를 제공한다. 「월스트리트저널」은 최적의 수익 모델을 찾기 위해 이러한 프리미엄 모델을 지속적으로 수정하고 테스트하고 있다.

프리미엄 모델은 소프트웨어 분야에서 가장 많이 사용된다. 세무관련 소프트웨어 개발업체 인튜이트Intuit는 세금 신고용 프로그램 터보텍스TurboTax를 가장 기본적인 기능만 작동하도록 만들어 무료로 제공하고 있다. 무료 버전만으로도 충분히 유용하지만, 복잡한 세금 신고와 환급 기능을 이용하려면 비용을 추가로 지불하여 버전을 업그레이드해야 한다. 저가 버전은 29.95달러부터 시작하여 기능이 추가될수록 가격도 올라간다.

인튜이트는 또한 개인용 재무프로그램 퀴큰^{Quicken}도 무료로 제공했다. 하지만 광고와 스폰서십으로 수익을 창출하는 민트^{Mint}가 시장에 들어왔을 때 인튜이트는 새로운 수익창출 모델을 찾아야 할 필요성을 느꼈다. 결국 인튜이트는 경쟁에서 백기를 들고 퀴큰을 포기하는 대신 민트를 인수합병하여 프리미엄 모델을 유지했다.

물론 인터넷에서는 프리미엄 서비스를 많이 찾을 수 있다. 스카이프^{Skype}는 무료 전화를 제공하고, 맵마이런닷컴^{MapMyRun.com}은 무료 맵핑 도구를 제공해 실제 이동구간과 운동량을 측정해준다. 맵마이런 사용자는 매달 몇 달러만 내면 워크아웃트랙커^{workout tracker}라는 앱을 이용해 전문가로부터 체력 단련이나 체중 감량에 대한 적절한 조언을 받을 수 있다. 맵마이런닷컴의 모회사인 맵마이피트니스^{MapmyFitness}는 아이폰용 앱을 출시하기도 했다.

사용자 지정제

가격가변제를 하려면 소비의 양과 질, 장소, 지불의지를 바탕으로 고객을 어떻게 세분화할 수 있는지 명확히 알아야 한다. 하지만 이는 생각보다 어려운 일이다. 기업들은 대부분 충성고객이나 단골을 대상으로 가격을 할인하고 보상해주는 전략을 떠올린다. 하지만 가격가변제에서는, 특히 요금세분화 모델에서는 충성고객이나 단골은 이미 상품의 가치를 알아본 고객이기 때문에 오히려 지불할 의지가 가장 강한 고객군으로 판단한다.

경매가격, 원하는 만큼 지불하기, 성과에 따라 지불하기와 같은 방법은 동일 제품에 대해 다른 가격을 지불하고자 하는 고객이 있다는 믿음에 기초한 전략이다. 기업은 다양한 가격 모델을 제시하는 대신 가격에 대한 결정권을 고객에게 넘기는 것이다. 이베이는 온라인 경매사이트 중 최고임에는 틀림없지만 그만큼 경쟁자도 많다. 프라이스라인Priceline은 렌트카, 호텔, 항공 티켓을 경매로 판매한다. 고객이 얼마를 지불하고 싶은지 올리면, 프라이스라인은 경쟁을 붙인다. 구매자가 아닌 공급자를 경쟁시키는 역경매는 E론E-Loan과 렌딩트리LendingTree와 같은 사이트를 통해서 유명해졌다. 1990년대 말 몇몇 포털기업에서는 경매나 역경매 모델을 채택해 수요자는 얼마를 지불할지, 공급자는 얼마를 받을지 모두 기록하도록 했다.

경매가격제는 오늘날 구글 애드센스와 같은 광고시장에서 보편화되었다. 기본적으로 가장 비싼 값을 낸 사람이 맨 윗자리를 차지하지만, 경매 횟수나 물건의 수량에 따라 가격이 조정되기도 한다.

원하는 만큼 지불하는(Pay-What-You-Want) 틈새집근법도 고려할 만하다. 록밴드 라디오헤드Radiohead는 2007년에 웹사이트에서 〈인 레인보우스(in Rainbows)〉라는 앨범을 발매할 때 가격을 원하는 만큼 지불하도록 해서 주목을 받았다. 몇 달 후 내놓은 한 상자 세트는 81

달러에 10만 장이 팔렸는데, 이때는 〈인 레인보우스〉가 이미 평균 8 달러로 수백만 건 다운로드된 다음이었다.[10]

성과에 따라 지불하는(Pay-For-Perfomance) 접근법은 제약회사와 보험회사들을 중심으로 시작되었다. 이러한 가격 정책은 2007년 존슨앤드존슨이 '벨케이드'라는 신약을 발매하면서 영국보건국과 맺은 계약에서 시작되었다. 고가의 벨케이드에 대해 효과를 확신할 수 없었던 영국보건국은 그 약을 처방하는 것이 정부의 재정 낭비라고 판단해 처방을 허락하지 않았다. 그러자 존슨앤드존슨은 종양이 50퍼센트 이상 줄어들 정도로 약의 효능이 나타나는 환자에게만 돈을 받겠다고 약속하면서 시장 진입에 성공했다.

존슨앤드존슨 이후, 노바티스Novartis와 머크Merck도 성과에 따른 지불방식 모델을 받아들였다. 수익창출 면에서 보자면, 성과에 따라 지불하는 가격 정책은 얼핏 보아도 일률적이지 않다. 아무리 유명한 약이라 하더라도 효과가 나타나지 않는 환자도 있기 때문이다. 항우울제의 경우 환자의 38퍼센트에게선 효과가 나타나지 않는다고 한다. 유명한 관절염 약도 50퍼센트에게는 듣지 않고, 암 관련 약품은 75퍼센트에게는 효과가 없다고 한다.[11]

그러나 제조사는 어쨌든 연구투자비용을 회수해야 하기 때문에 가능한 한 많이 팔기를 원할 것이다. 그렇다고 자신들이 만든 약이 효과가 있는지 없는지 신경 쓰지 않는다는 의미는 아니다. 효과가 높은 약은 그저 그런 약보다 항상 경제적으로 더 성공한다. 하지만 역사적으로 의료산업이 다양한 기구를 통해 분산되어 있는 상황에서는 제약회사가 보상을 많이 받을 수 없었다. 약의 효능이 입증되더라도 환자가 최적의 투약대상인지 확인하기 어려웠고 현실에서 약의 효능에 대한 유용한 자료를 수집하고 분석하는 일 또한 너무 힘들었기 때문이다. 그래서 그들은 필요한 사람에게 맞는 약을 만들기 보다는 모든 사람을 위한 약을 만들었다. 성과에 따른 지불 방식은 제약회사의 이러한 상황을 제대로 되돌리기 위한 훌륭한 방법이 될 수 있다. 정보기술의 발달로 환자의 기록이 전산화되고, 누가 어떤 약을 복용하는지, 또 어떤 약을 함께 복용하는지 상세히 알 수 있기 때문에 이제는 어렵지 않게 효능을 파악할 수 있게 되었다.

환자의 상태도 중요하다. 약은 단독으로 치료되지 않는 경우가 많다. 그리고 제대로 복용하지 않았다고 해서 항상 효과가 나타나지 않는 것은 아니다. 성과에 따른 지불 방식은 때로 환자의 복합적인 수용상태와도 관련이 있다. 민간의료보험회사인 시그나Cigna와 제약회사 머크는 제2형 당뇨환자의 약 수용상태에 대한 임상결과에 근거하여 비용지불계약을 체결했다. 약물 사용 후 치료 효과가 좋은 경우 제약회사에 약값을 지불할 뿐만 아니라 보험회사에 할인을 해주며, 환자들의 복약순응도가 높아질수록 약값 할인폭도 커지게 했다.[12] 즉, 행동 기반 세분화가 제약산업에 성공적인 가격 혁신의 문을 열어주고 있는 것이다.

부분가격제

패션이나 금융과 같은 업계에서는 그 상품에 적용할 수 있는 가격제가 제한적이다. 이 업계에서는 얼마 되지 않는 가격 전략으로 대다수의 고객을 상대해야 한다. 물리적 상품과 하이터치 서비스의 경우 상품을 하나 판매하여 얻는 수익에 비해 개발비에서 운송비까지 투자되는 금액의 비중이 너무 높다.

그러나 디지털 세계에서 정보상품이 갖는 물리적인 한계는 거의 없다. 정보상품의 일부를 바꾸거나 전달하는 데는 거의 비용이 들지 않는다(물론 다양한 포맷이나 네트워크 비용을 무시한다면 말이다). 그래서 하나의 형태로만 만들어졌던 제품들이 이제는 개별 부분으로 나뉘어 시장에서 인정받는 가치에 따라 가격이 매겨지고 판매된다.

부분화는 제4장에서 설명하는 패키지 혁신에 속한다. 패키지 혁신의 부분화와 부분가격제는 제품을 어떤 용도로 사용하느냐에 따라 결정된다. 예컨대 노래 한 곡을 휴대전화 벨소리로 쪼개서 파는 것이 대표적이다.

오랫동안 음반회사들은 앨범 전체를 팔고자 노래를 한 곡당 팔거나, 부분으로 파는 것에 저항했지만 이제는 모두 백기를 들고 말았다. 「하버드비즈니스리뷰」는 경영 고전을 장Chapter당 6.95달러에 판매하는데, 이는 시간이 없는 회사원이나 학생들의 구미를 당기는 가격 모델이라 할 수 있다.

그 외에도 제품을 전체가 아닌 부분으로 판매함으로써 수익에 긍정적인 역할을 하는 경우는 많다. 전자제품이나 자동차처럼 개별 부품이 제품 전체에 중요한 역할을 하는 산업에서는 전체 세트를 프리미엄 가격으로 책정해서 제안할 수도 있다. 하지만 미디어산업에서는 부분판매가 수익 창출에 항상 긍정적인 역할을 하지는 않았다. 음반의 경우를 예로 들자면, 한 앨범 안에는 보통 14개 정도의 곡이 들어 있는데 14곡 모두를 좋아하는 경우는 드물기 때문이다. 대다수의 사람들은 크게 유행한 한 곡, 또는 기껏해야 두세 곡 정도만 사고 싶어 한다. 그러므로 부분판매로 수익을 높이고자 한다면 곡당 판매 외에도 고객들에게 한 앨범에서 세 곡 정도만 살 수 있는 가격제를 만들어 제시하는 것도 효과적인 방법이 될 수 있을 것이다.

부분판매로 인해 단기 수익이 줄어든다고 하더라도, 고객의 만족도와 충성도는 올라간다. 그동안 음반회사는 고객의 취향을 제대로 반영하지 못해 수익 모델이 붕괴되었다는 사실을 애써 무시해왔다. 그리고 원하지 않는 노래가 들어 있어도 좋아하는 노래를 들으려면 사야 한다고 강요해왔다. 그러나 좋아하는 노래만 선택해서 고를 수 있다면 고객의 입장에선 많은 혜택을 얻는다고 생각할 것이다. 앨범 한 장을 사는 것보다 싼 가격에, 게다가 원하는 곡을 고를 수 있는 선택권까지 가지게 되는 것이니 말이다.

음반회사의 실수는 다른 산업에서도 많은 기업들이 아직 되풀이하고 있다. 대형 음반사처럼 수익의 40퍼센트가 날아가는 것을 보고 싶지 않다면, 다소 전체 이익이 줄어들더라도 새로운 가격 모델을 시행하는 것이 훨씬 현명할 것이다.

묶음가격제 VS 개별가격제

앞에서 살펴본 부분가격제는 곧 개별가격제를 말한다. 고객이 메뉴에서 개인적으로 좋아하는 것만 선택하는 것이다. 개별적으로 가격을 매길 수 있다면 당연히 묶음으로 가격을 매길 수도 있다. 레스토랑에도 개별적으로 좋아하는 메뉴로 에피타이저, 메인요리, 디저트를 고를 수 있지만 개별적으로 고르다 보면 세트메뉴보다 훨씬 비싸다.

묶음가격제는 어디에나 있다. 1970년대 일본의 자동차제조업체들은 자동잠금장치, 창문, 선루프, 에어컨 등을 묶어 '할인'을 제공하는 묶음가격제를 처음 선보였다. 지금은 다른 방법으로 차를 사는 것을 상상하기 힘들 만큼 일반화된 방식이다. 여행 상품도 패키지나 묶음으로 판매한다. 단순히 항공권과 호텔만 예약해주는 상품부터 관광가이드, 레스토랑, 유명 관광지 방문까지 포함한 복합적인 상품까지 다양하게 제안한다.

어떻게 보면 묶음가격제는 고객에 대한 서비스의 일종처럼 보이기도 한다. 구매 방법도 간단하고, 묶어서 사면 훨씬 싸기 때문이다. 대조적으로 개별부분가격제는 고객의 선택과 유용성을 바탕으로 고객의 요구를 수용한다. 물론 두 가지 가격 모델 모두 확실히 성공하리라는 보장은 없다. 불완전한 개별부분가격제로 인해 고객들은 혜택을 볼 수도 있다. 항공사의 묶음가격제보다 화물취급, 음료, 식사 등을 개별적으로 구입할 때 가격이 더 쌀 수도 있다. 또한 어쩔 수 없이 묶음가격을 선택해야 하는 경우도 문제가 될 수 있다.

예를 들어 케이블TV의 유일한 수익 모델은 묶음가격구독제였다. 영화 채널 HBO^{Home Box Office}와 같은 프리미엄 유선방송을 개별적으로 추가해야 하는 상황이 오면서 개별부분가격제가 도입되기는 했지만 일반 고객들은 채널당 비용을 지불하는 것을 꺼려했다. 묶음가격제를 통해 케이블TV는 모든 사람에게 같은 상품을 전송할 수 있고, 고객은 자신이 원하는 방송만 봄으로써 간단하게 개인화할 수 있다. 인기가 많은 콘텐츠 덕분에 인기가 없는 콘텐츠도 그럭저럭 이끌어 나갈 수 있었다.

타임워너케이블은 케이블TV시장의 가격생태계를 복잡하게 만들었다. 특히 HBO같은 채널도 이제는 묶음으로 제공한다. 고화질TV, 스포츠 전문 패키지, 케이블에 인터넷과 전화 서비스를 부가하는 등 선택의 폭을 넓힘으로써 다양한 가격제를 만들어냈다. 하지만 이로 인해 콘텐츠제공자와 케이블TV사업자, 고객들은 혼란에 빠지고 말았다. 가격을 지불할 의사를 가진 고객들조차 유용한 정보를 얻지 못하여 결국 돌아서고 말았다.

아직 큰 문제가 되고 있지는 않지만, 케이블TV가 시행한 묶음가격제의 결함은 유튜브, 훌루, 아이튠즈와 같은 곳으로 사람들이 몰

려드는 현상으로 나타나고 있다. 적극수용층과 수동다수층도 이제 15개의 채널을 보려고 200개 채널을 구독해야 하는 상황을 의심하는 사람의 숫자가 늘어나고 있다.[13] 15개 채널에 대해서만 가격을 지불하면 안 될까? 언제 어디서나 보고 싶은 내용만 골라보는 적극활동층은 이 문제를 더욱 민감하게 받아들인다.

운 좋게도 케이블TV사업자는 이제 채널을 묶음으로 팔지 않더라도 추가적인 비용 없이 고객이 원하는 것만 제공할 수 있는 기술을 갖게 되었다. 셋톱박스가 시청정보를 수집하기 때문에 이론적으로 공급자는 고객이 '무엇을 자주 보는지' 쉽게 확인할 수 있게 되었다.

케이블TV산업이 가격 혁신을 하고자 할 때 콘텐츠 공급자는 종종 가장 큰 장애물이 된다. 가격 혁신이 콘텐츠 공급자의 비즈니스 모델을 붕괴할 수도 있기 때문이다. 가령 개별부품가격제는 콘텐츠 공급자와 케이블TV사업자의 협상에 상당한 영향을 발휘한다. 인기 있는 채널은 상당히 유리한 위치에 올라서고 그렇지 못한 채널은 불리한 위치에 서게 된다. 결국 콘텐츠 공급자들 간의 경쟁도 치열해진다.

미국이 아닌 다른 나라의 케이블TV사업자들도 개별부분가격제의 가능성을 실험하고 있다. 한국의 하나로TV는 편당가격제(Pay-Per-View)를 시행하여 1년 만에 회원을 50만 명이나 모집했다. 프랑스의 카날플러스Canal+는 주말에만 시청할 경우 반 가격을 받는다. 홍콩의 나우TV는 80만 명의 회원에게 원하는 채널만을 골라 직접 패

키지를 구성하도록 한다.[14]

많은 곳에서 개별가격제를 도입하고 있음에도, 아직까지도 수익이 떨어질지 모른다는 불안감에 가격 혁신을 거부하는 케이블TV사업자들이 많다. 이들은 디지털에 밝은 고객이 변하길 바란다. 가령 콤캐스트는 인터넷 실시간 방송 서비스인 'TV에브리웨어'를 통해 어떤 기기에서든 자신들의 콘텐츠를 이용할 수 있도록 구상하고 있다. 물론 그러한 접근법이 통할 수도 있지만 유일한 선택 사항이 될 수는 없다. TV에브리웨어는 음반회사가 누구에게든 앨범으로만 노래를 판매할 수 있다고 생각했던 것과 비슷하다.

우리는 음반회사가 앨범 단위의 판매를 고집하다가 어떻게 되었는지 보았다. 케이블TV산업이 묶음가격제만 고집할수록, 다른 산업까지 경쟁 상대로 불러들이는 결과를 초래할 것이다. 점점 더 많은 사람들이 아이튠즈, 아마존, 넷플릭스를 통해 보고 싶은 프로그램만 찾아서 볼 것이다. 케이블, 인터넷과 같은 전통적인 기기에서 콘텐츠를 다운로드 받아 하드디스크에 넣어주는 세즈미[Sezmi]와 같은 신생기업도 나오고 있다. 또한 구글TV도 개인화가 가능한 대안이 되고 있음을 잊지 말아야 한다.

디지털콘텐츠의 개별가격제는 고객이 무엇을 언제 볼지에 맞춰 상품을 더욱 유연하게 한다. 머지않아 스포츠 경기를 볼 때 주요 경기만 틀어주는 채널에서 프로그램당 시청요금을 지불하는 방식으로 볼지, 무제한 시청요금의 절반만 내는 주말 프로그램 방식으로 볼지 골라야 할 날이 올 것이다.

물론 헤쳐나가야 할 어려운 문제는 많다. 케이블TV사업자가 벌어들이는 수익의 95퍼센트는 고객들이 직접 납부하는 요금에서 나온다.[15] 묶음가격제를 포기할 경우 수익은 위험에 처할 수도 있다. 하지만 개별가격제는 이제 선택이 아닌 필수사항이 되었다. 훌루, 아이튠즈, 넷플릭스, 아마존 모두 개별가격제를 기본적으로 제시한다. 훌루는 인기 있는 콘텐츠에 광고를 붙여 수익을 얻고, 아이튠즈는 다운로드 건당 비용을 받는다. 위[Wii]나 엑스박스[XBox]와 같은 게임사업자도 주문비디오서비스를 제공할 수 있는 기능을 갖추고 있다.

케이블TV사업자들이 개별가격제에서 우월한 위치를 차지하지 못하면, 이러한 경쟁자들이 치고 들어올 것이고, 결국 그들은 디지털음반시장의 전철을 밟게 될 것이다. 이러한 상황은 케이블TV산업만 처한 것이 아니다. 자동차, 여행, 소프트웨어 등 수많은 산업에도 곧 불어 닥칠 문제라는 것을 기억해야 한다.

개별가격제의 사례: 브로드밴드

역설적으로, 개별가격제로 최고의 자리를 이어가는 집단이 케이블TV산업 안에 있다. 바로 브로드밴드다. 타임워너케이블과 콤캐스트와 같은 케이블TV네트워크 서비스업체는 브로드밴드 서비스를 표준 무제한 구독 모델로 바꿀 수 있는 방법을 고민해왔다. 그 이유는 바로 대역폭 때문이다.

이메일이나 정적인 웹사이트를 이용할 때 데이터 전송은 그다지 많은 대역폭을 필요로 하지 않는다. 따라서 인터넷서비스공급자^{ISP,} ^{Internet Service Provider}가 고객들을 다이얼접속이나 DSL 모뎀에서 더 비싼 브로드밴드로 끌어올리려 할 때, 비싸 보이지 않도록 무제한구독 서비스를 제공하고 에이오엘^{AOL}과 마이크로소프트^{Microsoft} 같은 인터 넷포털을 주로 이용하도록 격려했다. 하지만 고품질 비디오와 같은 초고속 어플리케이션의 폭발적인 등장으로 인해 오래전 가격 모델 은 이제 흔들리고 있다.

그러나 이러한 트래픽의 증가가 놀랍게도 산업을 완전히 혼란에 빠뜨리지는 않았다. 학자들은 수십 년 동안(심지어 인터넷이 존재하기 도 전부터) 컴퓨터 네트워크를 통한 음성과 비디오의 변화에 대해 주 목해 왔다. 관련 산업이든 아니든 사람들은 대부분 변화가 그렇게 빨리 일어나리라고 꿈에도 믿지 않았다(아마 그러한 변화가 한 번이라도 일어났더라면 기술이 얼마나 빨리 비즈니스 모델을 산산조각 내는지 교훈이라 도 주었을 것이다).

하지만 그러한 의심은 틀렸다. 인터넷과 모바일기기의 데이터트 래픽은 2008년에서 2013년까지 6,400퍼센트 성장할 것으로 전망된 다. 그중 비디오 스트리밍이 네트워크 트래픽의 56퍼센트 정도를 차 지할 것이다.[16] 그리고 케이블TV사업자는 트래픽의 폭발에 직면할 것이다. 그런 상황에서도 수익성에 대한 문제는 여전히 그대로 남아 있을 것이다. 무제한 가격 모델이 높아지는 사용량을 수익으로 이끌지는 못하기 때문이다. 많은 브로드밴드 공급업체들이 속도에 따라 비용을 다르게 책정하는 가격 모델로 서서히 변화를 시도하고 있다. 무제한 가격 모델을 탈피하고자 하는 움직임은 무선네트워크 분야의 AT&T^{American Telephone & Telegraph Co.}에서 처음 나왔다. AT&T는 2010년 6월부터 무제한 데이터요금제를 받지 않았다. AT&T의 실험을 지켜보고 있는 다른 브로드밴드 공급자들 역시 머지않아 이러한 정책에 합류하게 될 것이다.

대여 Vs 구매

또 다른 가격옵션으로는 기존에 판매로만 유통되었던 제품을 대여로 접근하는 전략이다. 대여는 경기가 어려울 때 특히 관심을 끈다. 최근 금융위기 속에서 무인대여기기를 통해 비디오를 빌려주는 레드박스와 명품 의류를 빌려주는 렌트더런웨이가 성공했다.

제1장 고객세분화에서 잠깐 다룬 레드박스는 비디오대여산업의 또 다른 강자로 등장했다. 비디오대여산업은 비록 이미 성숙기에 접어든 시장이지만, 레드박스는 발걸음이 뜸해지는 오프라인 대여산업의 혁신을 주도했다. 또한 대여와 구매에 대한 고객의 인식을 바꿀 만큼 혁신적인 가격을 제안했다. 식료품점과 같은 인구 이동이 많은 곳에 설치한 비디오자판기를 통해 하루에 고작 1달러 대여료만 받고 빌려준다. 블록버스터나 다른 오프라인 업체들이 4.99달러

를 받는 것에 비하면 매우 저렴하다. 레드박스는 대여를 손쉽게 하고 가격을 아주 낮춰 고객의 경제적인 인식을 완전히 바꿔놓았다.

영화광들은 마음에 드는 영화가 나오면 DVD가 출시될 때까지 기다렸다 바로 구매한다. 대부분 자신이 좋아하는 영화는 3~4번 정도 반복해서 볼 것이라 예상하기 때문이다. 블록버스터에서 4.99달러로 몇 번 빌리면 결국 DVD를 사는 가격과 비슷해지기 때문에 사는 편이 나은 것이다. 하지만 레드박스는 이러한 계산을 다시 하게 만들었다. 레드박스에서 빌릴 경우 15~17번은 볼 수 있는데, 그 정도로 반복해서 볼 것이라 상상하기는 쉽지 않기 때문이다. 물론 레드박스는 최신작과 인기 있는 영화만 취급하지만, 고객은 그런 데 개의치 않는 것으로 보인다. 비디오를 대여하여 벌어들인 수익은 2009년 상반기보다 8퍼센트 상승했으며, 특히 자동대여기기를 통한 비디오 대여 수익은 전체 시장의 19퍼센트를 차지했다. 상승한 수익은 대부분 오프라인에서 나온 것으로 여겨진다.[17] 이에 비해 DVD 판매 수익은 2009년 상반기보다 13.5퍼센트 떨어졌다.[18]

그래도 DVD를 사고 싶어 하는 사람들을 위해, 레드박스는 대안을 내놓았다. 중고판매를 실시한 것이다. 레드박스가 빌려주는 DVD 중 절반은 중고로 판다. 레드박스의 낮은 대여료에 대해서는 별로 개의치 않던 폭스, 유니버셜, 디즈니와 같은 영화제작사들도 DVD 중고판매에 대해서는 크게 우려하고 있다. 이후 폭스, 유니버셜, 워너를 비롯한 몇몇 영화제작사들은 신간이 출시된 후 4주가 지나기 전에는 레스박스에 DVD 공급을 하지 않기로 했다(넷플릭스도 똑같은 제약을 받고 있다). 레드박스는 월마트에서 소매가격으로 신간을 사들여 이 문제를 겨우 해결해왔다.[19] 영화제작사의 극심한 압박 아래, 넷플릭스와 레드박스는 최근 신간 DVD 4주 공급 제한에 대한 계약에 이의를 제기하기 시작했다.[20]

영화제작사의 압박에도 불구하고 레드박스의 저가 DVD 자판기 사업은 멈출 것 같지 않다. 블록버스터도 2009년 12월, 200편의 영화가 들어 있는 DVD 자동대여기 5만 대를 보급하여 레드박스를 추격하고 있다. 더 나아가 자판기에 USB를 꽂아 영화를 다운로드 받아서 볼 수 있는 시대가 오면 DVD대여산업은 지금보다 훨씬 흥미진진해질 것이다. 이미 2010년 이러한 비즈니스 모델을 출시하려고 준비하는 기업들이 있다.

자동차 대여의 새로운 바람

성숙한 대여산업에 또 다른 바람을 일으키고 있는 기업으로 짚카가 있다. 많은 미국시민들이 자동차공유서비스인 짚카를 이용한다. 에이비스^Avis나 허츠^Hertz와 같은 전통적인 자동차대여업체와 달리, 짚카는 전화나 인터넷으로 예약을 할 수 있고 한 시간 안에 바로 이용할 수 있다. 자동차는 항상 지정된 주차장에 주차되어 있으며, 회원이 ID카드만 갖다 대면 열 수 있다. 시동을 거는 열쇠는 차 안에 부착되어 있기 때문에 열쇠를 잃어버릴 염려도 없고 열쇠를 반납하거나 찾으러 가는 수고도 할 필요가 없다.

자동차보험료, 연료비, 주차비 등 모든 비용이 시간당 요금에 포함되어 있으니 번거롭지 않다. 짚카는 회원제로 운행되기 때문에 회원의 개인정보와 지불정보를 가지고 있다. 그래서 '체크인'이나 '체크아웃'을 따로 할 필요도 없다. 짚카의 가격 모델은 자주 사용하는 고객을 위한 한 달 요금제가 있고, 실제로 사용할 때 1만 시간당 비용을 내는 단순사용제가 있다.

짚카가 내세우는 사명은, 도시생활자에게 자동차를 소유하지 않고도 편리하게 차를 공유할 수 있도록 함으로써 거리의 자동차를 줄이자는 것이다. 이는 비용면에서도 아주 효율적이다. 미국의 가정은 평균 수입의 18퍼센트를 교통비로 사용한다. 그러나 자동차를 공유할 경우 6퍼센트로 떨어진다. 도시와 근교 사이의 에너지 소비 차이도 크다.[21] 짚카는 시간제 대여를 통해 2009년 1조3,000억 달러를 벌어들였다. 이러한 가격 혁신과 비즈니스 모델은 이제 베를린에서 멕시코시티까지 확장되어 긍정적인 효과를 낳고 있다.

판매산업의 대여 모델

비디오대여시장과 자동차대여시장은 모두 성숙한 시장이다. 그러나 대여는 기대치 않는 부분에서 시장을 사로잡고 있다. 앞에서 이야기했듯이, 렌트더런웨이나 명품 핸드백을 빌려주는 프롬백투리치 From Bags to Riches과 같은 새로운 벤처기업들이 새로운 대여 모델을 만들어 내고 있다.

패션 소매시장에서 대여의 선례가 없었던 것은 아니다. 백화점에서도 드레스와 정장, 귀금속 대여사업을 해왔다. 부유층과 유명인사를 겨냥한 고급제품들이었다. 또는 드레스를 한 번 입어볼 작정으로 구매했다가 착용한 후에 다시 반품하는 경우도 있었다. 그러나 렌트더런웨이와 프롬백투리치는 기존의 패션 대여서비스가 가지고 있던 지리적 약점을 보강했다. 오하이오에 사는 여성이 평상시 구매하던 집 근처 백화점의 기성품보다 더 저렴한 가격으로 페리스 힐튼이 피플에서 입은 캐롤라나헤레라 드레스를 입고 파티장에 갈 수 있게 된 것이다. 드레스뿐만이 아니다. 2004년 미네소타 세인트폴에서 문을 연 프롬백투리치에서는 한 달 회비 22.95~299달러를 내면 거의 모든 종류의 명품 가방을 빌려준다.

그 동안 판매로만 이루어졌던 계절별 산업도 대여의 가능성을 넓히고 있다. 2008년 겨울 크리스마스 휴가 기간에 한 조경업자가 로스엔젤레스에서 크리스마스트리용 전나무를 빌려주는 서비스를 했다. 빌려준 나무는 3주 뒤 회수하여 도시의 외곽에 조경수로 팔았다. 대여 비용은 실제로 크리스마스트리용 전나무를 구매하는 비용과 크게 차이가 나지 않았으나, 배송, 보관, 폐기처분하는 데 드는 번거로움을 생각하면 고객 입장에서 훨씬 이득이었다. 또한 전나무를 사지 않고 대여함으로써 고객은 친환경적인 제품을 사용할 때 얻는 뿌듯함도 느낄 수 있다. 이러한 심리적 동기야말로 대여 모델이 성장할 수 있는 중요한 요인이 된다. 그러므로 기업들은 VALS분류법과 행동 기반 세분화를 통해 이러한 집단을 찾아내 목표고객으로 삼아야 할 것이다.

가격 혁신의 함정

역사적으로 보면 그동안 시장에서 가격 실험을 하는 것은 그렇게 위험하지 않았다. 어떤 고객집단이나 특정 지역에 속한 고객은 다른 집단, 또는 다른 지역에서 가격이 어떻게 다른지 쉽게 파악하기 어려웠다. 그러나 디지털경제시대에는 고객이 집에 있는 컴퓨터뿐만 아니라 스마트폰으로 언제 어디서나 제품의 성능, 유용성, 가격 등을 쉽게 비교할 수 있게 되었다. 숍새비^{ShopSavvy}와 같은 스마트폰 앱을 이용해 바코드를 찍으면 바로 인터넷을 통해 최저가를 알려준다. 이 말은 곧 고객이 굳이 알려고 원하지 않아도 가격 실험의 '큰 영향력'에 노출될 수 있다는 의미이다.

디지털화는 여러 면에서 가격 실험을 더 어렵게 만드는 반면, 또한 더 쉽게도 만든다. 디지털화와 온라인 판매, 재고관리의 변화로 인해 가격을 자주 바꿀 때 발생하던 조직적 장벽이 사라졌다. 더 이상 여기저기 돌아다니며 가격표를 다시 붙일 필요가 없어졌다. 중앙

시스템을 통해 상점에 반영하거나 인터넷에 올리기만 하면 된다. 새로운 가격 모델을 목표 시장에 알리기 위한 비용도 예전보다 훨씬 줄어들었다.

그러나 가격 비교와 변화가 기술적으로 용이하게 되었다고 해도 기업관행이 많이 바뀌지는 않았다. 기존의 기업들은 실제로 가격 모델을 실험하는 데 주저했다. 타성에 젖은 관습과 위험은 무조건 피하고자 하는 안이함 때문이다. 가격을 바꾸면 수익이 떨어지고, 고객도 짜증나게 만들고, 관리하기도 어려워진다는 인식이 아직까지 널리 퍼져 있기 때문이다. 인터넷주식중개회사인 찰스슈왑Charles Schwab도 1990년 말 인터넷 주식거래가 급증하던 시기에 이러한 도전을 경험한 적이 있다.

문제는 찰스슈왑이 e슈왑e.Schwab이라는 온라인 계열사를 만들면서 나타났다. e슈왑은 인터넷으로 거래를 하고 싶어 하는 고객층을 겨냥한 사업이었는데 E*트레이드, 데이텍 등 매우 적은 수수료를 받는 업체들과 경쟁해야 했다. e슈왑은 이들과 경쟁하기 위해 월정액을 저렴하게 하고 일정한 거래횟수를 승인해주었다. 하지만 저렴한 대신 개인적인 서비스는 지원하지 않았다. 대리점으로 전화해 상담하는 서비스는 한 달에 한 번으로 제한했다. 그러나 e슈왑의 고객이 막상 찰스슈왑의 객장을 찾아 상담을 받으려고 하면, 항상 건당 거래수수료를 지불하는 기존의 풀서비스 고객들을 접대하느라 예약이 꽉 차 있었다.[23]

결과적으로 e슈왑의 고객은 필요할 때 도움을 받을 수 없다는 사실에 짜증을 냈고, 기존의 풀서비스 고객은 자신들만 비싼 수수료를 낸다는 사실에 짜증을 냈다. 게다가 내부적인 분쟁까지 일었다. 교집합이 없는 두 고객집단을 관리해야 하는 행정상의 어려움 때문이었다(기존의 풀서비스 계좌를 보유하고 있던 고객은 e슈왑으로 계좌를 통합할 수 없었다).

결국 찰스슈왑은 가격 모델을 두 가지로 나누는 것은 회사와 맞지 않다고 판단해 e슈왑과 풀서비스 모델을 하나로 통합했고, 그리 비싸지 않으면서 누구에게도 맞는 온라인과 오프라인 서비스를 시작했다. 초기에는 거래수수료가 줄어들어 전체 수익이 떨어졌지만 새로운 수익 채널을 만들어냄으로써 찰스슈왑은 마침내 가장 큰 온라인주식중개회사로 성장했고, 현재 온라인 주식거래시장의 20퍼센트 이상을 점유하고 있다.[24]

찰스슈왑의 특수한 경우를 제외하고라도 상대적인 역동성은 어느 산업에나 적용된다. 시장의 상위 집단과 하위 집단의 압박도 있고, 또 어떤 가격을 제시하든 고객들은 서비스에 대한 기본적인 기대를 갖고 있다. 고객은 항상 자신들이 통제할 수 있는 범위가 넓어지기를 바라면서 또 한편으로는 변화에 대해 두려워하는 마음을 갖고 있다.

가격 혁신을 아직 실행하지 않는 기업은 도전의 기회가 있음에도 현재 손에 쥐고 있는 것을 놓칠까 두려워 가격 혁신을 거부한다. 지금까지 살펴본 기업들은 이 모든 두려움을 견뎌내었다. 레드박스, 짚카, 하나로TV, 렌트더런웨이는 모두 저마다 시장에서 가격 모델을 혁신한 신규 진입자였다. 반면 기존의 케이블채널, 신문사, 음반회사, 비디오대여회사, 소프트웨어벤더는 새로운 가격 모델을 도입하면 새로운 고객을 확보하는 것보다 더 빠른 속도로 기존의 수익이 줄어들지 모른다는 두려움에 변화하지 못하고 시간을 끌었다.

지금까지 소개한 가격 전략은 익숙한 모델이지만 비전통적인 방식으로 적용할 경우 획기적인 변화를 끌어올 수 있다. 간단한 방법으로도 가능하다. 가령 개별부분판매는 앞서 이야기한 음반회사 수익의 40퍼센트 감소와 우연하게 비슷한 시기에 발생했다. 사라진 수익 중 일부는 음악파일을 불법으로 공유하는 이들이 가져갔다. 또 일부 수익은 라이브콘서트가 가져갔다. 또 일부 수익은 14달러짜리 앨범을 사지 않고 2달러에 곡을 하나씩 사는 사람들이 가져갔다.

이와 같은 상황은 케이블TV, 소프트웨어, 자동차 등의 산업에서도 나타날 것이 분명하다. 물론 특정한 사업자가 특정한 고객집단을 만족시킬 수도 있다. 하지만 그것이 모두 해당되는 것은 아니다. 사실상 어떤 가치가 다른 가치사슬로 옮겨 가는 것은 가능하다. 애플은 기기를 팔기 위해 음악을 싼 가격으로 제공하면서 음반회사의 가치를 가져가버렸다. 티보, 구글TV, 세즈미를 보면 가치역할이 콘텐츠제공자에서 콘텐츠를 구현하고 찾을 수 있는 기기로 옮겨 가고 있다는 사실을 알 수 있다. 다시 말해, 개별부분판매를 통해 떨어지는 수익보다는 가만히 있다가 떨어지는 수익이 주는 충격이 훨씬 크다는 뜻이다.

직접적인 수익 감소는 꽤 명확하다. 가격 혁신이 어려운 또 다른 이유는 인간의 민감한 심리와 관련이 있다. 가령 가격가변제는 제품의 가치에 대해서 개인적으로 어떻게 생각하느냐와 무관하게, 동일 제품에 대해서 자신이 다른 사람들보다 많이 지불하고 싶지 않다는 근본적인 욕구는 해결하지 못한다. 항공사의 고객은 좌석 가격이 항로, 요일, 시간, 좌석 위치, 구입 시기 등에 따라 다르다는 점을 직관적으로 이해한다. 하지만 1만 미터 상공에서 불편한 좌석을 감내하면서 앉아 있는 상황에서, 옆 사람보다 요금을 두 배나 더 지불했다는 사실을 알게 되면 기분이 썩 좋지 않을 것이다. 이런 점에서 가격가변제, 특히 역동적 가변제는 고객을 불편하게 할 여지가 있다.

이 부분을 해결하려면 서비스의 차이를 확실하게 두어 고객이 불만을 갖지 않도록 철저하게 준비해야 한다. 항공사와 호텔은 가격의 차이를 더 투명하게 하고, 가격을 더 지불한 사람은 체크인을 우선적으로 해주거나, 화물 운송료를 받지 않거나, 좌석 배정을 보장해주는 등의 서비스를 차별화하는 것이 그 예가 될 수 있다. 어떤 가격 모델을 적용하든 고객의 민감한 부분을 제대로 인식하는 것이 가장 중요하다.

이제 어떤 채널을 통해서 누구에게 어떤 방법으로 요금을 청구할 것인지 균형을 잡는 문제가 남아 있다. 이런 균형을 찾는 문제는 구독 모델에서 가장 큰 골칫거리이다. 신문사들은 독자들이 공짜로 보는 콘텐츠에서 어떻게 수익을 창출할 수 있을지 방법을 찾기 위해 고군분투하고 있다. 「뉴욕타임스」나 「이코노미스트」와 달리, 「월스트리트저널」, 「파이낸셜타임스」, 「이코노미스트」는 인터넷 서비스를 시작한 이래 지속적으로 콘텐츠의 유료 구조를 유지하면서 자신들만의 독창적인 수익 모델을 가지고 있었다. 하지만 어떤 시간대에 어떤 제품을 공짜로 하고 어떤 제품을 유료로 할 것인지 계속해서 바꾸고 있는 것을 보면 아직 이상적인 균형은 잡지 못했다는 것을 알 수 있다.

실행 가능한 모델을 찾는 어려움은 판매자와 구매자 사이의 지속적인 불균형에 의해서 더욱 심해진다. 무제한 구독은 유용한 예가 된다. 기업 입장에서는 사용자들 중 다수는 그들이 지불하는 것보다 덜 소비해야 온라인에서 수익을 낼 수 있다. 그러나 사용자에겐 반대로 그들이 지불하는 것보다 더 많은 혜택을 누린다는 것을 느끼게끔 해주어야 한다. 많은 브로드밴드 공급자들이 고민하고 있듯이 이는 매우 어려운 문제이다. 여기서 핵심은, 고객의 행동과 사용량을 정확하게 예상하는 것이다. 물론 구독 모델은 제품과 서비스를 더 전달하는 데 들어가는 한계비용이 0에 가까울수록 가장 효율적이다.

마지막으로 모든 기업이 자신들의 가격 모델을 이끄는 요인들을 완전히 통제할 수 없다는 사실을 명심해야 한다. 특히 수익의 상당 부분을 여럿이 나눠야 하는 산업, 가령 영화산업의 구조가 그러하다. 영화제작사는 극장 수입의 몇 퍼센트를 가져간다(일반적으로 이 비율은 개봉 후 매주 조금씩 떨어진다). 더욱이 극장은 스크린당 최소한의 상영비용을 지불해야 한다. 이 금액은 극장들이 가격을 할인하거나 다른 가격 혁신을 시도해보지도 못할 만큼 매우 높다. 결국 극장은 매점을 통해 수익을 대부분 창출한다. 이 수익은 영화제작사와 나누지 않아도 되기 때문이다.

도시마다 극장에 갈 때 평균적으로 사용하는 금액은 조금씩 다른데, 뉴욕이나 로스앤젤레스에서는 영화 한 편을 볼 때 보통 16달러에서 18달러 정도를 쓴다. 영화표가 8달러라면 나머지 8달러 정도는 음료나 스낵을 사는 데 쓴다는 뜻이다. 하지만 영화표가 12달러로 오르면 상대적으로 음료나 스낵에는 4달러 정도밖에 사용하지 않을 것이다. 영화를 보는 데 쓰는 심리적인 기준가격이 16~18달러인데, 영화표가 올랐다고 해서 금세 오른 만큼 더 지출하려고 하지는 않는 것이다. 이렇게 되면 당연히 극장의 수입은 줄어들게 된다. 극장 입장에선 영화표의 가격을 낮추고 매점 판매율을 높이고 싶을 것이다. 바로 이 점 때문에 영화제작사들이 최소한의 권리금을 책정하는 것이다. 그러나 어느 쪽도 양보할 생각은 없는 듯하다. 이렇듯 상품의 생산과 배급이 나눠져 있는 산업에서는 가격 혁신을 하기가 쉽지 않다.

가격 혁신의 교훈

기존 기업이 가격 모델을 혁신하려고 할 때 부딪히는 여러 도전에도 불구하고, 새로운 가격 모델은 디지털경제시대의 불가피한 현실이 되었다. 기존 기업은 현재의 수익을 유지하려고 노력한다. 하지만 자신이 몸담고 있는 산업에서 일어나는 변화를 계속 모른 체하고 있을 수는 없다. 국제전화와 시외통화와 같은 장거리통신시장은 고객들이 스카이프나 구글톡처럼 인터넷망을 기반으로 음성통화를 구현해주는 VOIP(Voice Over Internet Protocol) 어플리케이션으로 이동함에 따라 지난 9년에 걸쳐 수익이 약 80퍼센트나 감소했다. 음반회사는 이미 한 곡당 가격을 결정할 수 있는 권리를 잃고 산업의 다른 부분에서 나오는 가치를 분배해 부족분을 보충하고 있다.

가격을 혁신하기 위해서는 다른 고객집단에 다른 가격 모델을 실행할 줄 알아야 한다. 고객집단별 전략은 특히 중요하다. 가격 혁신은 자신의 상품을 서로 갉아먹으면서 다른 경쟁자에게 기회를 줄 수 있기 때문이다. 예를 들면 현재 레드박스의 DVD 대여는 DVD 구매시장을 공격하며 수익을 빠르게 갉아먹고 있다. 그러면 영화배급사는 어떻게 수익을 되찾을 수 있을까? 영화를 좋아하는 고객집단을 대상으로 한 '영화패스포트'서비스도 하나의 대안이 될 수 있다. 일정 금액을 내면 영화관에서 영화도 보고, 자신의 기기에 콘텐츠도 내려 받고, DVD도 볼 수 있게 하는 것이다. 일 년에 30편 정도 '어디서나 영화를 볼 수 있는' 구독 모델을 제시한다면 고객들도 거리낌 없이 받아들일 것이다.

가격 혁신을 위해 많은 창조적인 실험도 해볼 수 있는데 찰스슈왑의 사례도 중요한 길잡이 역할을 할 것이다. 시장에서 가격 혁신이 작동하지 않을 때는 바로 방향을 바꿀 준비가 되어 있어야 한다. 찰스슈왑은 거대 증권회사로는 최초로 인터넷주식거래시장에 뛰어들었다. 그리고 새로운 고객집단을 위한 가격 모델을 만들어냈다. 현명한 시도였고, 이러한 차별적인 가격 정책은 다른 여러 기업에게 성공했을 만큼 훌륭한 전략이었다. 하지만 e슈왑에서는 그러한 가격 혁신이 작동하지 않았다. 서비스를 최소화하는 대신 거래수수료 극적으로 낮췄다. 차별적인 가격으로 차별적인 서비스를 지원했다. 하지만 고객은 누구나 상품의 종류와 무관하게 자신이 필요할 때면 수화기 너머에 누군가가 응답해주기를 원했다.

찰스슈왑과 기타 기업을 통해 얻은 두 번째 교훈은 고객이 가격 모델의 차이를 확실히 알고 싶어 한다는 것이다. 그래서 그들이 무엇을 얻는지(또는 얻지 못하는지) 고객이 명확하게 알고 있어야 한다. 예전에는 가격과 모델을 비교하는 것이 너무 어려웠다. 그래서 기업은 고객에게 가격을 비밀로 유지할 수 있었다. 하지만 디지털시대에 이러한 불투명성은 이제 사라졌고, 직접 다양한 가격을 실험하기 힘들게 되었다. 이런 상황에서 기업이 선택할 수 있는 가장 현명한 선택은 투명성을 수용하는 것이다. 그리고 다른 구조가 무엇인지, 그들이 지불하고 받는 것 사이의 관계를 고객에게 어떻게 분명히 인지하도록 만들지 신중하게 생각해야 한다. 고객서비스센터는 남는 돈으로 고객에게 무엇을 더 해줄 수 있는지 제품 카탈로그를 보여주며 설명할 줄 알아야 한다.

마지막 교훈은 가치사슬 안에 있는 다른 참가자와 협동해야 한다는 것이다. 다양한 참가자가 수익을 나누는 구조라면, 같이 머리를 맞대고 협동해서 다가오는 기회를 잘 포착해야 한다. 공동의 목적을 가지고 움직여야 한다. 그렇지 않으면 고객이 판단을 내리기 힘든 제품이나 혼란스러운 상품만 만들어 내게 된다. 고객은 그러한 새로운 상품은 무시하려고 할 것이다. 합작투자를 통해 경쟁자와 협력할 수 있는 기회도 만들 수 있다. 수익이 빠르게 부식하는 산업은 고객에게 자신이 지불하는 제품의 진정한 가격을 알려줘야 한다. 또한 근본적으로 가격의 투명성을 도입함으로써 전체 산업의 가격체계에 진화를 가져올 수 있는 방법을 찾아야 한다.

[표 2-1]은 가격 혁신의 핵심 내용을 요약한 것이다. 가격 혁신을 효과적으로 실행하기 위해 전략을 세울 때 어떤 부분을 가장 먼저 생각해야 할까? 기업의 전략과 구조, 관리 방법 측면에서 다음과 같은 질문들을 해보고, 스스로를 점검해보자.

〔표 2-1〕

가격 혁신 요약

가격 모델	전통적 방식	혁신	디지털시대의 예
구독제	시간의 제한이 있으며 누구에게나 맞는 콘텐츠	무엇을, 언제, 얼마나 구독할지 유동적임. 구독제는 또한 새로운 산업에도 적용이 됨.	• 매그하운드 • 넷플릭스 • 프리메딕 • 아마존 프라임
가격가변제	제품의 수요나 '한계성'을 기초로 달라짐.	교차보조금, 프리미엄, 면도날 또는 역면도날 모델, 경매	• 코카콜라 자판기 • 애플 앱스토어 • 터보택스 • 구글애드센스
부분가격제	한 가지 포맷으로만 판매	부분적으로 쪼개서 판매	• 앨범의 곡당 판매 • 책의 장당 판매(HBP)
묶음가격제VS 개별가격제	묶음가격으로 수익을 최대화하고 비인기 제품은 보조금 지급	가치를 최대화하기 위한 개별가격제 실시	• 케이블 TV 산업 • 카날플러스 • 브로드밴드 • 자동차 • 여행 산업
대여	자동차, 비디오와 같은 전통적인 대여 시장의 유동적인 시간 구조와 가격 모델	기존 판매 위주 상품 중에서 대여 모델 도입. 가격과 시간이 유연하다.	• 렌트더런웨이 • 짚카 • 레드박스

전략

- 당신의 제품과 회사, 브랜드 가치에 대해서 고객집단은 제각각 어떻게 느끼고 있는가?
- 어떤 고객집단이 다른 가치를 인식하는가?
- 고객 중 특별히 활동적인 계층이 있는가?
- 당신의 기능 중 특정 고객집단에 더 잘 들어맞는 것이 있는가?
- 당신의 회사나 브랜드는 고객과 가격이나 서비스 수준에 대해 합의를 했는가?
- 가치사슬 안에 있는 다른 참가자와 판매 수익을 나누는가?

구조

- 소액결제, 구독제 혹은 보편적 접근법을 포함해 새로운 가격 모델을 시행할 만한 구조인가?
- 고객집단별 가격을 포착해 더 섬세한 가격 혁신을 추진하는 원 동력으로 삼을 만한 능력이 되는가?

운영

- 주변 생태계에 가격 변화를 어떻게 실행할 것인가?
- 재빨리 그리고 자연스럽게 가격을 바꿀 수 있는가?
- 직원들이 변동가격을 합리적으로 '판매'하고 고객지원을 할 수 있을 만큼 지식과 의지를 갖추고 있는가?

payer innovation

Not for Free

Saul J. Berman

3

지불자 혁신

지불자 혁신

2007년 여름, 영국의 10대와 대학생들은 한 통신사로부터 거절하기 힘든 제안을 받는다. 요금이 완전히 무료인 휴대전화가 나온 것이다. 핀란드에 본사를 두고 있는 이동통신회사 블릭이 나이트클럽, 카페 등 청소년들이 즐겨 찾는 장소에서 무료통화요금제를 집중적으로 홍보한 것이다. 사용자는 블릭이 지급하는 무료 심카드를 받아 웹사이트에 등록만 하면 된다. 물론 비용은 전혀 들지 않는다. 하지만 조건이 하나 있다. 반드시 하루에 6건의 광고 메시지를 받아야한다.

이미 이동전화 보급률은 포화 상태에 이르렀지만 이동전화를 이용한 광고 수익은 영국의 총 광고 수익의 1퍼센트도 안 되는 상황이었다. 블릭은 이동전화의 기본적인 수익구조를 깨고 광고 기반의 가격 모델을 새롭게 구축했다. 영국 시장에 진출할 때 블릭의 최초 목표는 1년 동안 10만 명의 회원을 모집하는 것이었는데, 출시 6개월만에 목표를 달성했다. 그리고 2009년 4월에는 가입자 수가 20만 명을 돌파했다.

다른 사람이 지불하게 하라

고객이 직접 지불하는 요금으로 수익의 대부분을 얻는 산업에서, 블릭처럼 광고 기반 모델을 도입한 것은 지불자 혁신의 대표적인 예가 될 수 있다. 이 세상에 공짜는 없기 때문에 누군가는 항상 지불을 해야 한다. 지불자 혁신은 누가 대신 지불할 것인가에 관한 것이다. 미디어산업에서는 이미 다양한 지불 모델을 오랫동안 친숙하게 사용해오고 있었다. 따라서 이번 장에서는 미디어산업의 경험을 통해 현재 출판과 TV 등 여타 산업들이 겪고 있는 문제점을 다뤄볼 것이다.

지불자 혁신은 최종사용자가 아닌 다른 사람이 실제 가격을 지불하도록 하는 수익원천 혁신이다. 그래서 지불자 혁신에는 두 집단이 아닌 세 집단 이상이 관여하게 된다. 광고 판매는 그 전형적인 예로 광고 단가는 '발행부수'나 조회수를 기준으로 계산되었다. 제3자 지불 모델의 수익원은 수수료 기반의 PPL(Product Placement, 제품삽입광고)과 스폰서로 광고와 거의 흡사하다. 3장에서는 이 모든 지불 모델인 광고판매, PPL, 스폰서의 가능성과 사례를 보여주고자 한다. 또한 화이트레이블과 소셜네트워크를 이용한 모델에 대해서도 별도로 살펴보겠다. 페이스북과 같은 소셜네트워크는 고객의 취향과 행동에 대한 정보를 이용해 기존의 무형자산을 현금화할 수 있는 잠재력을 가지고 있기 때문이다. 이들의 성공과 실패는 판매자, 광고주, 후원사에게 흥미로운 교훈을 제공할 것이다. [그림 4-1]은 지

지불자 혁신 모델

불자 혁신 모델을 정리한 것이다.

이 책에서는 표현을 간략하게 하기 위해 소비자 가치보다 더 많은 가치를 포함하는 지불 모델을 통틀어 '간접수익'이라고 부르겠다. 물론 간접수익은 다른 책에서는 다른 의미로 사용될 수 있다. 여기서는 단순히 수익이 소비자 가치에서 상품의 가치로 직접 전달되지 않는 지불 모델을 의미한다.

어떤 광고와 스폰서쉽 모델을 혁신해야 하는지 궁금해하는 독자들이 있을 것이다. 간접수익 모델이 장기간 번성하고 있음은 분명한 사실이다. 하지만 지난 수십 년 동안 광고시장이 겪는 혼란을 보면 간접수익 모델 또한 기존 비즈니스 모델의 수익변동으로부터 탈출할 수 있는 보장된 길은 아닌 것 같다.

하지만 혁신의 기회는 있다. 새로운 수익원을 만들 수 있는 세 가지 방법이 있다. 첫 번째는 블릭이 이동통신시장에서 성공했듯이 역사적으로 직접수익에 의존했던 산업이나 제품에 간접수익 모델을 적용하는 것이다. 두 번째는 전통적으로 일방적인 커뮤니케이션을 지향하던 광고주들이 디지털 플랫폼의 장점을 이용해 세분화된 고객집단이나 개개인에 맞는 커뮤니케이션을 시도함으로써 고객과의 상호 교류에 초점을 맞추는 것이다. 이러한 광고는 '광고를 넘어서는' 효과를 내고 있다. 세 번째 기회는 엄청난 정보가 모아지고 나눠지는 소셜네트워크와 같은 산업의 상품과 서비스에 간접수익 모델을 적용해보는 것이다.([그림 4-1] 참조)

직접수익 모델이 실패할 때

직접수익 모델은 지불자와 제품사용자가 같다. 직접수익은 도매와 같은 유통구조와는 무관한 개념이다. 제조사와 사용자 사이에 무수한 중개인과 판매인이 있다고 하더라도 가치사슬이 제조사에서 사용자로 연속된다면 그것은 직접적인 수익의 원천이라 할 수 있다.

가령 음반회사는 레코드, 카세트, CD, MP3를 판매해 오랫동안 직접수익을 창출해왔다. 개별 가수와 티켓 예약판매 사이트는 콘서트 티켓을 팔아 직접 수익을 벌어들였고, 음반회사는 저작권이 있는 상품의 권리를 이용해 수익을 챙겼다. 여러분이 읽고 있는 이 책도 직접적인 수익 모델을 통해 판매된다(물론 전자책의 경우에는 구조가 바뀔 수도 있다). 가전제품이나 의류 등 우리가 살 수 있는 소비재는 대부분 직접수익 모델로 판매된다. 직접수익은 사용자가 지불할 의사와 용의를 가지고 있는 유형의 상품이 있는 산업에서 역사적으로 큰 비중을 차지해왔다.

이동통신 산업도 오랫동안 직접수익 모델을 기반으로 한 시장이었다. 휴대전화의 사용 시간과 문자 사용량에 따라, 최근에는 데이터 사용량까지 포함한 월별요금을 책정해 수익을 이끌어 왔다. 사용 시간이 한정된 심카드를 판매하기도 했다. 이러한 직접접근법은 월별 요금을 안정적으로 지불할 수 있는 회사원들에게는 잘 적용되었다. 수입이 고정적이지 않거나, 신용이 좋지 않은 사람들도 사용률이 낮거나 이용률이 변덕스럽긴 해도 크게 문제 될 것은 없다. 하지만 자유로이 쓸 수 있는 돈이 한정되어 있거나 여가 시간이 많은 사람들, 특히 수다 떨기를 좋아하는 사람들에게 딱 들어맞는 접근법은 아니다.

앞에서도 언급했듯이 기술의 발달에 민감한 젊은 고객은 취향이나 제품에 대한 충성도가 유동적이기 때문에 광고에 유혹당하기 쉽다. 그들을 사로잡으려면 먼저 비용대비 효율이 높은 상품으로 흥미를 사로잡아 브랜드 인지도를 올린 후 나중에 수익을 창출해야 한다. 새로 나오는 제품을 사용해보고 싶은 욕구를 지닌 젊은 고객층은 기술적으로 설득하든 억지를 부리든 해서 가족의 구매행동에 엄청난 영향력을 발휘한다.

모바일 산업에서 이러한 고객층은 스스로 휴대전화시장을 만들어 내든지, 자신들의 선택권에 자율성을 확대한다. 원하는 것을(무료 통화시간) 원하는 가격에(공짜) 제공함으로써 블릭은 이들을 고객으로 사로잡은 것이다. 그리고 대신 광고주에게 자신들의 시간을 내주었다. 블릭은 통신사로서의 입지를 확고하게 하면서 영국의 O2와 같은 주요한 통신사에게 모바일 광고를 제공하는 핵심적인 역량에 집중하였다.[3]

2008년 10월 스웨덴의 스포티파이는 유럽 8개국에 다양한 음악을 무제한으로 접속할 수 있는 스트리밍 음악서비스를 시작했다. 대신 이용자들은 30분마다 20초씩 광고를 들어야 한다. 광고를 듣고 싶지 않은 사람들은 10유로를 내는 '프리미엄' 요금제를 이용하면 된다. 12개월 만에 스포티파이는 25만 명의 유료 회원을 포함해 매달 순수 방문자 1,100만 명을 모았다.

지금은 광고 기반의 무료 회원이 되려면 기존 회원의 초대를 받아야 할 뿐만 아니라 서비스를 이용하기 위해서는 대기해야 한다. 하지만 돈을 내면 '프리미엄' 버전을 바로 사용할 수 있다. 스포티파이는 너무 유명해지면 데이터 전송 과부하를 일으킨다는 이유로 옥스퍼드대학에서는 학내망을 사용하지 못하도록 막기도 했다.[4]

블릭과 마찬가지로 스포티파이도 지켜야 할 충성고객이 없다는 면에서 기존의 경쟁자보다 우위를 점하고 있었다. 가치사슬에서 발생하는 판매 손실은 광고 수익으로 메울 수 있었다. 스포티파이는 또한 짧은 기간 동안 회원을 모집할 목적으로 광고비를 저렴하게 유지했다. 운 좋게도 스포티파이가 활동하는 시장은 엄청난 예상 수요가 있었다. 2010년 「IBM 디지털고객설문조사」에 따르면 3명 중 2

명은 음악을 다운로드하는 것보다 스트리밍을 통해 바로 듣는 것을 선호한다고 응답했다. 즉, 음악을 소유하기보다는 서비스로 듣고 싶은 것이다.[5] 또한 이 조사는 음원 스트리밍이 적극활동층의 저작권 침해와 관련된 문제를 해결해줄 매력적인 대안이 될 수 있음을 보여준다. 광고를 이용해 음악을 공짜로 들을 수 있을 뿐만 아니라 훨씬 다양한 음악을 훨씬 빠르게 접속할 수 있다.

블릭과 스포티파이는 완전히 포화 상태인 성숙한 시장에 지불자 혁신으로 새롭게 진입한 신규 진입자들이다. 이들의 성공은 지불자 혁신이 새로운 수익원을 창출하는 매력적인 길이 될 수 있음을 시사한다.

광고 기반의 수익 모델

전단지와 신문이 처음 나온 이래, 전통적인 미디어에서 광고지면은 수익창출의 핵심적인 역할을 맡고 있다. 미디어가 아니더라도 고층 건물의 외벽이나 TV, 버스 등 광고는 어디에서나 볼 수 있는데, 이러한 광고는 구글과 같은 기업들은 물론 미국에서 가장 큰 공공 운송네트워크인 뉴욕도시교통국 등 다양한 조직의 주요한 수익원이 되고 있다.

광고 기반 수익 모델을 자세히 탐구하려면 먼저, 광고산업에서 일어나는 대중적인 변화에 대해 조금이라도 이해하고 넘어가는 것이 중요하다. 경기 불황으로 인해 소비의 규모도 급격하게 하락했지만, 광고 기술은 웹배너광고가 등장한 이래로 끊임없이 변화하고 있다. 특히 양방향 소통이 가능해지면서 광고의 새로운 세상이 열렸고, 예전에는 상상할 수 없었던 피드백을 받고 결과를 추적할 수 있게 되었다. 그리고 마침내 광고는 그동안 쓰던 비용의 절반이 낭비되고 있었다는 사실을 비로소 깨닫기 시작했다.

인터넷 배너광고와 검색광고, 휴대전화를 통한 광고, 페이스북과 마이스페이스와 같은 소셜미디어를 통한 광고, 의사의 집무실이나 엘리베이터, 택시에서 볼 수 있는 디지털메시지와 같은 다양한 디지털 포맷을 이용한 광고는 2008년 전체 광고시장에서 12퍼센트를 차지했으나, 꾸준히 상승하여 2013년에는 20퍼센트까지 비중이 높아질 것으로 예상된다.[6]

광고가 디지털화 되면서 지불자 혁신을 적용해볼 만한 기회는 곳곳에 생겨나고 있다. 사람들이 광고를 싫어하는 주된 이유는(그리고 광고 기반의 수익 모델을 추구하는 비전통적인 산업을 천박하다고 생각하는 이유는) 자신과 직접적인 연관성이 없기 때문이다. 디지털 포맷의 실시간 성격을 이용해 목표고객에게 더 접근할 수 있는 광고를 디자인하고 제시할 수 있다면 이러한 편견을 극복할 수 있을 것이고 새로운 수익원을 찾을 수 있을 것이다.

새로운 모델은 광고 이상의 산업으로 이동한다

광고는 인터넷이 나오기 전 시대의 일방적이고 성가신 모델에서 서서히 벗어나고 있다. 새로운 광고는 사용자의 취향과 성격을 훨씬 정확하게 파악한다. 무엇을 하는지, 언제 가장 왕성하게 구매하는지, 무엇을 통해 광고를 보는지 파악한다. 텔레비전, 컴퓨터 모니터, 스마트폰, 디지털기기를 구분하여 접근한다. 더욱이 오늘날 소비자들은 광고를 언제, 어떻게 볼 것인지, 심지어 광고를 볼 것인지 말 것인지 통제할 수 있다.

미래의 광고는 과거와는 완전히 다르다. 대상이 분명하고 제품과 통합되어 있으며 독립적인 기기를 통해 소비자가 스스로 통제할 수 있다. 사실상 그런 것을 '광고'라고 부르기에는 무리가 느껴질 정도여서 새로운 이름을 붙여야 할지도 모른다. '마구 뿌리고 걸려들기만을 바라는' 광고를 넘어서, 이제는 고객의 취향을 빚어내 제품에 대한 경험의 일부분으로 통합한 메시지가 무엇인지 찾아내야 한다. 실제로 광고로 인한 수익의 손실은 이미 광고 외 마케팅 예산을 초과했다.[7]

이러한 선상에서 현재의 대다수 광고는 세 가지 트렌드, 즉 목표 고객집단, 통합, 기기 중 한 가지에만 중점을 두고 있다. 동영상 서비스 사이트인 훌루의 경우, 기기를 목표로 삼았다. NBC, ABC, Fox(훌루의 소유주)에 동영상 콘텐츠를 제공하는 훌루는 전통적인 TV광고 형태의 광고 모델로 출발했다. 하지만 TV광고에 비해 광고

시간이 더 짧고 횟수도 적다. TV광고는 60분짜리 방송에 8분 동안 총 16개의 광고를 하지만, 훌루에서 같은 방송을 볼 경우 광고 시간은 4분 이하로 줄어든다. 또한 2009년 한 분석가에 따르면 1,000명이 시청할 경우, 훌루는 TV에 비해서 광고 수익이 5분의 1에 불과한 것으로 나타났다.

하지만 텔레비전 채널과 동등한 광고 수익을 올리는 것이 훌루의 최우선 과제는 아니었던 것 같다.[8] 대신 훌루는 고객을 모으는 데 총력을 기울였다. 훌루가 어느 정도 이상의 이용자를 끌어들이고, 유튜브와 경쟁할 수 있는 정도가 되면 수익을 내는 일은 어렵지 않기 때문이다. 훌루는 이미 그 과정을 모두 거친 것으로 보인다. 2010년 6월 훌루는 더 많은 프로그램을 볼 수 있는 월정액 유료 모델을 실시하였고, 이제는 애플 아이패드와 마이크로소프트 엑스박스에도 서비스를 제공한다는 계획을 세웠다.[9]

미디어 이외의 산업은 광고를 고객의 경험과 통합하고 있다. 월마트는 매장과 온라인 웹사이트를 통해 고객의 상황과 광고가 하나로 연결되는 초기 모델을 선보였다. 2002년부터 월마트는 매장에서 TV를 통해 제품광고를 하기 시작했다. 몇몇 추정에 따르면 2004년 월마트의 광고 시청률은 최근 가장 큰 인기를 끌고 있는 미국의 오디션 프로그램 〈아메리칸 아이돌〉에 버금갈 정도로 높았다.[10] 월마트의 온라인 사이트 역시 체중 감량 프로그램인 뉴트리시스템부터 에이비스렌터카까지 제3의 제품을 광고하는 배너로 가득 차 있었다.

경기가 침체되면서, 월마트는 자신들이 제품을 판매하여 얻는 수익 외에 매장과 온라인 공간에서 광고를 통해 새로운 수익 구조를 만들기 위해 노력했다. 이러한 모험의 성과는 월마트에 두 배의 성공을 안겨주었다. 광고 판매를 통해 추가 수익을 얻었을 뿐만 아니라, 고객들이 그 광고를 보고 월마트 매장에서 물건을 사갔기 때문에 소매점 수익도 함께 늘어났다.

매장에서나 웹사이트에서 보여준 월마트의 광고는 요리 리얼리티쇼 〈아이언셰프(Iron Chef)〉보다도 대중들에게 훨씬 큰 영향을 미쳤다. 이는 월마트의 광고가 소비자들의 상황과 더욱 밀접하게 통합되어 있기 때문이다. 고객이 쇼핑 카트를 잡는 순간은 이미 구매하려고 마음을 먹은 후이다. 1월 2일 새해를 맞아 가정용 운동기구를 찾고 있던 고객은 다이어트 프로그램 할인권을 클릭할 경향이 높다. 이미 체중감량을 위해 돈을 지출하기로 결정했기 때문이다.

비전통적인 산업 중에서 광고 수익 기회를 이용하는 또 다른 예로는 뉴욕의 택시를 들 수 있다. 그들은 처음에 승객이 쉽고 확실한 방법으로 신용카드를 사용할 수 있도록 하기 위해 택시에 신용카드 단말기를 설치하기 시작했다. 그런데 점점 더 편리함을 추구하면서 GPS 기능을 추가했고, 이제는 거의 모든 기능을 가진 미디어 기기를 장착하게 되었다. 그리고 이 기기를 통해 광고 수익까지 낼 수 있게 되었다. 이제 뉴욕에서 택시를 타면 스크린을 통해 광고방송과 콘텐츠, 실시간 교통상황, 지도 등을 볼 수 있다. 모든 시스템은 운전

석과 연결되어 있고, 승객이 목적지를 말하면 시스템은 자동으로 목적지 가까이 있는 레스토랑이나 상점의 광고를 보여준다.

블릭은 사용자의 광고 콘텐츠에 더욱 집중한다. 블릭의 서비스에 가입하려면 좋아하는 것과 싫어하는 것, 취미활동에 대한 답을 해야 한다. 입력된 정보를 바탕으로 하루에 6번, 사용자마다 어떤 광고를 보여줄지 결정한다. 운동을 좋아한다고 기록한 회원이라면 패스트푸드 광고보다는 운동복이나 최신 시설의 헬스장 광고를 보여준다. 물론 이것이 목표층을 향한 매우 정교한 접근법은 아니지만 연관성은 상당히 증가한다. 이러한 연관성을 높임으로써 블릭은 광고에 대한 소비자의 반응을 25퍼센트까지 끌어올렸다.[11]

25퍼센트는 전통적인 광고 세계에서 상당히 높은 수치이다. 이 숫자가 절반으로 떨어지거나 초창기보다 떨어진다고 하더라도, 또 웹 광고 클릭률이 0.1퍼센트에 불과하다고 하더라도 여전히 DM(광고우편물)에 대한 응답률 1~2퍼센트보다 훨씬 높다. 블릭의 광고반응률은 광고주들을 끌어모으는 가장 강력한 무기라 할 수 있다.

다행히도 블릭의 고객들은 개인정보를 제공하는 데에 어떤 문제도 제기하지 않는 듯 보인다. 「IBM 디지털고객설문조사」에 따르면 디지털고객의 55퍼센트(적극활동층의 65퍼센트)가 특정한 혜택이 주어진다면 기꺼이 마케터에게 자신의 개인정보를 제공할 의향이 있다고 대답했다. 특정한 혜택이란 무료통화나 영화 다운로드 티켓, 포인트 적립, 할인율 등이 될 수 있다. 여기서 문제는 소비자가 무엇을 가치 있게 여기는지 이해하고 그들의 개인정보와 맞바꿀 만큼 가치 있는 제안을 찾아내는 것이다.

미디어산업 이외의 기업들은 정보와 혜택 사이의 균형을 찾는다. 가령 자동차보험 전문회사 프로그레시브^{Progressive Insurance}는 10년 전 텍사스 휴스턴에서 고객의 정보를 제공하면 보험료를 줄여주는 시스템을 도입했다. 이들이 수집한 정보는 차량에 장착한 GPS시스템을 이용해 자동차 보험가입자의 운전 습관을 기록한 것이었다. 프로그레시브는 운전 습관에 따라 위험 수준을 파악한 후 차별적인 보험료를 책정하고자 했다.

프로그레시브는 고객이 가치를 인지하면 자신의 개인정보를 기꺼이 제공한다는 사실을 알았다. 물론 여기서 가치란 보험료 절감을 의미한다. 프로그레시브는 곧 13개 주에서 이 프로그램을 확대 시행했으며, 자동차보험 아비바^{Aviva}와 그 자회사인 노르위치유니언^{Norwich Union}도 이와 비슷한 "주행거리에 따른 보험료 차등화" 프로그램을 캐나다와 영국에서 각각 시행했다.[12]

스폰서: 수수료 기반의 간접수익

알코어^{Alcor}나 P&G와 같은 회사가 전설적인 언론인 에드워드 머로^{Edward R. Murrow}의 〈지금 보아라(See It Now)〉나 〈솔직한 카메라(Candid Camera)〉와 같은 유명한 프로그램에 협찬을 한 이래, PPL과 콘텐츠

스폰서는 미디어 수익 모델에서 매우 큰 부분을 차지하고 있다. 이러한 방송에는 중간 광고가 없는 대신, 각 프로그램마다 맨 끝에 광고를 할 수 있는 시간을 제공하거나, 배우들이 카메라 앞에서 직접 제품을 사용하는 장면을 보여준다.

오늘날, PPL과 스폰서는 〈아메리칸 아이돌〉에서 사이몬 코웰Simon Cowell의 책상에 놓여 있는 콜라 한 캔에서부터, MSNBC의 〈모닝 조(Morning Joe)〉타이틀 붙어 있는 "스타벅스에서 우려낸(brewed by Starbucks)"라는 슬로건, 제임스 본드가 영화에서 모는 애스턴마틴Aston Martins과 BMW까지 다양하게 활용된다.

스폰서 광고는 이제 물리적인 상품을 넘어 다양한 영역으로 진화하고 있다. 2009년 조지 클루니의 영화 〈인디에어(Up in the Air)〉에서는 아메리칸항공과 힐튼호텔이 두드러지게 부각된다. 아메리칸항공이나 힐튼호텔 중 어느 쪽도 공식적으로 광고 비용을 대지는 않았다. 다만 영화제작사인 파라마운트에 공항터미널과 항공기, 호텔룸을 공짜로 사용할 수 있도록 했다. 물론 이를 금액으로 환산한다면 어마어마할 것이다.[13]

스폰서를 통해 가장 큰 수익을 볼 수 있는 분야는 바로 스포츠산업이다. 경기장, 리그, 특별전뿐만 아니라 선수들에게도 적용된다. 코카콜라나 레노버Lenovo 같은 거대 기업들은 베이징 올림픽에서 경기스폰서 비용으로 평균 7,200만 달러를 지불했다.[14] 이러한 스폰서 모델은 매우 정교하게 확립되어 있으며, 자선사업용으로 활용하기도 한다. 세계적으로 가장 인기 있는 축구팀 중의 하나인 FC바르셀로나는 유니세프를 후원한다. 유니세프는 연간 수천 만 달러를 기부받는데, 기부한 기업의 로고를 유니폼에 새겨준다. 수수료 기반의 간접수익 모델은 스포츠와 미디어에서만 사용되는 것은 아니다. 비즈니스컨퍼런스도 대부분 스폰서를 통해 이루어져, 컨퍼런스 참가자들이 실제 비용을 지불하는 경우는 매우 드물다.

스폰서와 PPL은 광고와 밀접하게 연관되어 있다. 그래서 소비의 하락에서 오는 압박에서 자유롭지 못하다. 하지만 제대로 된 스폰서는 제품에 대한 깊은 인상을 심어줄 수 있다. 이는 스폰서가 눈에 띄게 상품을 잘 배치하기 때문만이 아니다. 효과적인 스폰서는 스폰서를 제공하는 기업과 스폰서를 받는 기업 사이에서 광고를 통해 전달되는 것보다 훨씬 더 강력한 연결고리를 만들어주기 때문이다.

예컨대 스포츠 선수들의 스폰서를 보자. 유명한 테니스 선수 로저 페더러^{Ropger Federer}가 GQ의 광고에서 값비싼 시계를 차고 나왔다고 하자. 이는 그가 라파엘 나달^{Rafael Nadal}과 윔블던의 초록 잔디 위에서 경기할 때 나이키 운동화를 신고 있는 것과는 광고 효과가 확연히 다르다. 시계는 우리가 생각하는 테니스 선수 로저의 모습과 직접 연상을 일으키지 않는다. 하지만 운동화는 제품의 인상이 분명하게 각인된다. 로저 페더러가 나이키 운동화를 신고 있는 모습은 고객에게 그 상품에 대한 확실한 메시지를 전해줄 수 있다.

연관성에 대해 이야기 하자면, 음반회사는 저조한 앨범 판매로 인해 떨어진 수익을 충당하기 위해서 지난 몇 년 동안 스폰서를 이용한 새로운 수익창출 방안을 고안해냈다. 음반회사에서 스폰서는 오랫동안 우월한 수익 모델로 자리 잡았다. 가수들이 앞으로 낼 앨범을 미리 확보하는 것이다. 특히 신인가수의 경우, 음반회사는 스폰서 역할을 하며 몇 년 동안 재정적으로 뒷받침해주는 대신, 마케팅과 프로모션에 소요된 비용을 앞으로 발매할 앨범의 판매수익으로 충당하는 것이다.

문제는, 음반회사와 가수가 전통적으로 맺던 계약에서는 그 항목이 앨범 판매에만 국한되었다는 것이다. 콘서트 티켓이나 상품을 통해 벌어들이는 수익은 아무 상관이 없었다. 계약 조건, 수익자, 수익 모델이 완전히 달랐다. 물론 앨범 판매가 수월하게 이뤄지고 그 외의 연관상품이 부수적인 수입원으로 존재했을 때는 별다른 문제가 되지 않았다. 하지만 앨범시장이 꽁꽁 얼어붙고, 가수들이 자신의 브랜드를 다른 엔터테인먼트 시장으로 넓혀가기 시작하자 음반회사는 수익 모델을 혁신하기 위해 앞 다투어 경쟁을 벌였고, 모든 분야의 수익을 나눠 가지기 위해 신경을 곤두세우게 되었다.

영국의 음반회사 EMI는 2002년 유명한 팝스타 로비 윌리엄스 Robbie Williams 와 새로운 방식의 계약을 체결함으로써, 수익을 획정하기 위한 첫 번째 실험을 했다. 보도에 따르면 EMI는 윌리엄스에게 4개 앨범 제작비로 8,000만 파운드를 제시했다고 한다. 이는 매우 파격적인 대우로 영국 가수로서는 가장 큰 금액이었다. EMI는 또한 윌리엄스의 미국시장 진출을 도와주기로 약속했다. 그에 대한 대가로 윌리엄스는 콘서트, 상품, 텔레비전을 통해 나오는 수익을 모두 EMI 와 나눠 갖기로 합의했다.[15]

당시로서 혁명적이었던 이 거래는 음반회사의 입장에서는 상당히 유리한 것이었다. 어쨌든 가수들은 어떤 분야의 수익에서도 많은 몫을 가져가지 못한다. 가수들은 대부분 회사가 너무 많이 가져간다고 생각했다. 그래서 가수들을 붙잡아둘 확실한 관계의 가치를 보여줘야 했다. 아마도 윌리엄스에게는 미국에서 성공하도록 도와주겠다고 한 약속이 가장 유혹적으로 보였을 것이다. 하지만 그의 미국 진출이 실패했기 때문에 윌리엄스가 밑지는 계약을 했다는 이야기가 나오는 것이다.

8년이 지난 지금도, 이와 같은 360도 스폰서 계약은 여전히 드물게 일어난다. 그러나 EMI가 선도한 수익 모델은 음반시장에서 스폰서에 관한 새로운 길을 열어주었고, 동시에 전통적 음반회사의 몰락을 재촉했다. 미국에서 가장 큰 콘서트 프로모션 업체인 라이브네이션Live Nation은 2007년에서 2009년까지 마돈나, U2, 제이지Jay-Z와 360도 스폰서계약을 맺었다.

특히 제이지와 계약을 맺을 때 라이브네이션은 음반 녹음, 콘서트, 엔터테인먼트를 포함해 상품 매매에 대해서도 약정을 맺어 10년 동안 1억5,000만 달러를 지불하기로 하고 모든 활동 수익을 나누기로 했다. 상품 판매로 기대할 수 있는 수익만 해도 엄청나다. 제이지를 활용한 음반 이외 사업 중 하나인 클럽 체인(4040나이트클럽 체인)과 의류브랜드 로카웨어Rocawear만 해도 2007년에 2억4백만 달러의 매출을 올렸다.

출판업계는 모바일 어플리케이션을 통해 스폰서 게임 속으로 뛰어들고 있다. 실제로 오늘날 미디어 앱은 대부분 수수료가 아닌 스폰서를 통해 수익을 올린다. 수많은 잡지 출판업자들이 아이폰이나 아이팟 터치용 버전을 개발했으나, 아이패드의 출시로 인해 모바일 앱의 스폰서 모델은 완전히 달라지고 있다. 예를 들면 미디어 업계의 거물 개닛Gannett은 코트야드바이메리어트Courtyard by Marriott 호텔의 스폰서를 통해 아이패드용 「USA 투데이」를 만들었다. 처음 90일 동안은 무료로 콘텐츠를 볼 수 있고 그 다음부터는 돈을 내야 한다.[16] 출판 기업 타임과 콘데나스트Conde Nast도 비슷한 계획을 추진하고 있는 중이다.[17]

미디어산업 이외 부문에서의 스폰서

지불자 혁신으로 스폰서를 이용하는 산업이 미디어에 국한된 것은 아니다. 존슨앤드존슨은 베이비센터BabyCenter라는 웹사이트를 스폰서한다. 베이비센터는 임신을 준비하는 여성뿐만 아니라 이제 엄마가 된 여성 또는 예비 엄마를 대상으로 하는 '임신 계획'사이트이다. 이 사이트는 임신과 육아에 관한 정보를 무료로 제공하고, 아기 재우기부터 훈육에 이르기까지 다양한 주제의 전문가 포럼도 실시하고 있다.

최근 베이비센터는 부티콜러^{Booty Caller}라는 혁신적인 서비스를 출시했다. 생리주기를 사이트에 입력해두면 가장 적절한 배란일에 본인과 배우자에게 문자메시지로 알려주는 서비스다. 이 서비스 후원자는 누구일까? 존슨앤드존슨이 아닌 임신테스기를 판매하는 회사이다(하지만 2010년 1월에 스폰서가 바뀌었다).

화이트레이블

화이트레이블^{White Labeling}이란 고가 브랜드 제품을 의미하는 블랙레이블과 반대 의미로, 상점의 자체 브랜드를 붙여서 다른 브랜드보다 싼 가격에 파는 제품을 의미한다. 화이트레이블이라는 용어는 음반회사에서 처음 만들어졌다. 레코드판이 비닐로 되어 있던 시절, DJ들은 레코드 제목에 흰색 스티커를 붙여 다른 DJ들이 쉽게 자신의 선곡을 따라 하지 못하게 했다. 말하자면 자신의 수익을 보호하려는 노력이었던 것이다.

이제 화이트레이블은 수익 팽창을 위한 노력으로 바뀌었다. 화이트레이블을 통해 제조업체는 수요를 확보하기 위해 애쓸 필요가 사라졌고 전통적인 시장 외 다른 시장까지 공략할 수 있는 기회를 얻게 되었다. 제3자가 만들어낸 고객과 수요를 적극 활용할 수 있게 된 것이다. 제조업체는 고객서비스 비용이나 브랜드를 구축하는 비용을 들이지 않고도 추가적인 수익을 만들어낼 수 있다. 또한 고객과의 관계를 향상시키거나 넓힐 수 있고, 고객은 편리함을 얻을 수 있다.

화이트레이블은 소매점에서 일반적으로 사용된다. 식료품 체인점이나 대형 할인점은 농산물 가공업자나 상품 제조사와 계약을 맺어 저렴한 가격의 야채통조림이나 샴푸와 같은 공산품을 만들어낸다. 그러나 모든 기업이 자체 브랜드를 저가 정책으로 유지하는 것은 아니다. 캐나다의 최대 식료품 슈퍼마켓 로블로스Lowblaws는 프레지던츠초이스President's Choice라는 자체 브랜드를 통해 질 좋은 초콜릿칩 쿠키와 고급 올리브오일을 판매한다.

금융서비스 분야에서도 화이트레이블은 일반적인 관행으로 알려져 있다. GE머니GE Money는 미국의 대형 신용카드사 중 하나지만 대부분 금융소매점을 통해 상품이 판매되기 때문에 GE의 로고는 전혀 나타나지 않는다. 신용카드를 만들고, 거래를 유지하고, 부채를 송금하는 등에 대한 대가로 금융소매점은 GE머니에 서비스 비용을 지불한다. 소매점은 고객의 지갑에 제대로 광고를 하게 됨으로써 고객을 관리할 수 있다.

디지털왕국에서는 실제로 알려진 것보다 훨씬 더 많은 화이트레이블제품이 존재한다. 익스피디아Expedia가 처음 여행상품 예매 서비스를 실시했을 때인 인터넷 초기시대로 돌아가보자. US항공이나 다른 항공사 사이트를 직접 방문해 티켓을 알아보고 있던 고객은 모두 뭔가 비슷비슷하다는 점을 눈치 챘을 것이다. 항공사 사이트들이 거의 익스피디아와 똑같고 색깔과 이름만 달랐던 것이다. 마이크로 소프트가 고객에게 직접 서비스를 제공하고자 하는 항공사를 상대로 비행기 티켓 예매 사이트를 효율적으로 판매한 것이다.

최근에는 그보다 다소 덜 성공적이긴 하지만 닝^{Ning}이라는 소셜네트워킹 플랫폼 제공 업체도 있다. 닝은 누구나 인터넷 소셜네트워크를 쉽게 만들 수 있도록 해준다. 닝은 처음에 프리미엄 모델로 시작했다. 무료 버전에서는 광고가 보이고 템플릿을 바꿀 수 있는 권한이 주어지지 않았다. 이후 닝은 광고를 제거하거나 바꿀 수 있고 템플릿을 개인화할 수 있는 유료 버전을 만들어냈다. 이 역시 '화이트 레이블'의 한 형태로 볼 수 있다.

닝은 처음부터 엄청난 성공을 거두었다. CEO이자 창업자인 지나 비안치니^{Gina Bianchini}는 경영잡지 「패스트컴퍼니^{Fast Company}」의 표지를 장식했으며, 이용회원을 4,100만 명이나 확보했다. 2010년 초기에는 닝을 이용해 만든 사이트를 방문하는 회원들이 매달 두 배씩 늘어났다.[18] 하지만 2010년 4월 프리미엄과 광고를 통한 수익 모델은 난관에 처했고 결국 비안치니의 실험은 실패로 끝났다. 닝은 인원을 40퍼센트 감축했고, 무료로 제공하던 서비스는 모두 없앴다. 심지어 기존 회원에게 제공하던 무료 서비스도 없앴다. 결국 지금은 유료 서비스만 운영한다.[19]

소셜네트워킹

닝의 사례는 소셜네트워킹과 소셜사이트의 성공을 가지고 온 지불자 혁신의 또 다른 형태에 대해 생각해볼 수 있는 기회를 제공한다. 초기에는 소셜네트워크 사이트에서 머무는 시간과 트래픽의 양을 기초로 사람들의 관심이나 흥미도를 판단했다. 이 글을 쓰고 있는 지금, 페이스북 회원은 5억 명을 넘어서고 있다. 이는 어떤 광고주들도 흥미를 끌 만한 숫자이다. 전통적인 논리로 따져보면 광고계의 화폐제조기라고 할 수도 있을 것이다.

하지만 닝과 페이스북의 직접적인 광고 수익은 매우 실망스럽다. 소셜네트워크에서 돈을 만들어 내는 방법은 '현금화'라는 말로 가장 잘 설명할 수 있을 것이다. 물건은 현금화가 된다. 주식이나 채권도 현금화가 된다. 할머니의 결혼반지도 현금화할 수 있다. 하지만 사람을 현금화할 수 있을까? 소셜네트워크 사이트는 그저 가족과 친구들과 소통하며 인사를 나누는 공간이지 그곳에서 화장품이나 다이어트 보조식품을 사고 싶어 하지는 않는다.

그렇기 때문에 페이스북에서 흥미를 끌 만한 광고를 하기란 매우 어렵다. 사용자들이 페이스북에서 쇼핑할 준비가 되어 있지 않기 때문이다. 이러한 부조화는 소셜네트워크 사이트에서 평균광고클릭수가 0.04퍼센트로 극히 낮다는 것을 보면 설명이 된다(웹의 평균광고클릭수는 0.1퍼센트이고 구글은 1~2퍼센트이다).[20]

그렇지만 페이스북과 같은 인지도 높은 소셜네트워크는 낮은 클릭률에 대해 그다지 신경을 쓰지 않는다. 페이스북 사용자가 워낙 많기 때문에 클릭률이 낮아도 기업의 광고를 보는 사람들의 절대적인 수는 다른 매체의 광고를 보는 사람들보다 더 많기 때문이다. 하지만 지금의 데이터는, 또 다른 비슷한 소셜네트워크로 페이스북과 같은 트래픽을 만들어낼 수 없다는 현실을 일깨워주기 때문에 새로운 도전을 하고자 하는 사람들의 열정을 짓밟기에 충분하다.

그러나 실망 끝에 약간의 희망도 있다. 페이스북의 가장 중요한 자산은 방문자의 숫자나 사이트에 머무르는 시간이 아니라 바로 회원에 관한 정보이다. 페이스북은 어쨌거나 '친구'라는 커뮤니티에 대해 믿을 만한 수많은 데이터를 확보할 수 있는 매우 독보적인 위치에 올라섰다. 사용자는 저마다 엄청난 개인정보를 제공하면서 페이스북에 가입한다. 성별, 나이, 결혼여부는 물론 주소와 아이들이 몇 명인지도 알려준다. 자신의 상태를 계속 업데이트하고 친구들의 글에 답을 남긴다. 물론 페이스북이 그러한 정보를 모두 광고주에게 제공하지는 않겠지만, 사용자들은 그러한 우려로 인해 가끔 페이스북에 저항하기도 한다. 하지만 이러한 저항은 실질적인 것이라기보다는 트렌드에 가까운 듯 보인다. 개인정보를 걱정하던 사람들도 몇 달이 지나면 다시 자신들이 수많은 데이터를 뿌려놓은 페이스북으로 되돌아오기 때문이다.

소셜네트워크와 관계없는 제품을 만드는 기업이 이러한 고객 네트워크를 구축하려고 애쓰는 것은 무모한 짓이다. 예컨대 키티 인형을 만들어 파는 회사가 고객들의 소셜네트워크를 만들겠다고 하는 것처럼 우스꽝스러운 시도가 될 것이다. 진짜 기회는 고객과 고객의 행동, 선호도에 대한 정보를 축적하는 것이다. 이러한 정보는 수익 혁신을 시도하기 위한 행동 기반 세분화를 하기 위해서 필요할 뿐만 아니라 이렇게 확보한 고객에 접근하고자 하는 사람들에게 잠재적으로 가치가 높은 자산을 제공함으로써 광고나 스폰서를 확보할 수 있다.

또한 이렇게 확보한 데이터를 활용해 행동 기반 시장세분화에 기여할 수도 있다. 다시 말해, 그들을 더 잘 이해함으로써 당신이 고객에게 제공하는 가치를 보고 기꺼이 돈을 지불하겠다는 기업이 나타나는 것이다.

이러한 일은 처음 트위터에서 일어났다. 2010년 중순 현재까지도 트위터는 여전히 급속도로 성장하고 있으며, 트래픽을 소화하게 만들기 위해 더 많은 노력을 기울이고 있다. 월드컵 결승전 마지막 15분 동안에는 1초에 2천 건 이상의 트위터 멘션이 올라왔다.[21] 하지만 진짜 뉴스는 이 거대한 소셜커뮤니케이션이 수익을 내기 시작했다는 것이다.[22] 2009년 말 트위터는 구글과 마이크로소프트에서 트위터를 검색할 수 있도록 허용하는 데 서명했다. 이 계약을 통해 실제 벌어들인 돈은 2,500만 달러였고, 이는 트위터를 한 방에 흑자로 만들어 놓을 만큼 엄청난 금액이었다.[23]

페이스북과 같은 소셜네트워크의 또 다른 수익원으로는 전자상

거래를 통합하는 것이다. 예를 들면 소셜네트워크와 그 협력사들은 제품을 판매하기 위해 웹페이지 광고나 콘텐츠를 이용해 전자상거래 활동을 통합하기 위해 적극적으로 움직이고 있다.

그 예로 인기 패션잡지인 「피플」과 엔터테인먼트 잡지 「럭키」가 있다. 이들 잡지사는 소셜네트워크를 통해 전자상거래에 투자를 했다. 「피플」은 최근에 스타일파인더 Style Finder라는 사이트로 온라인 이용자들이 잡지에 나온 의류나 상품을 쉽게 찾을 수 있게 해주고 클릭만 하면 바로 구매할 수 있도록 연결해준다. 앞에서 거래를 기반으로 맞춤 광고를 만들어 제시하고 수익을 창출하는 월마트와는 정반대로, 이들은 출판광고를 기반으로 거래를 유도함으로써 수익을 창출한다.

이와 비슷하게 페이스북도 이제는 상업적 거래를 통해 수익을 내기 시작했다(지금까지는 '가상의 제품'으로 주로 수익을 냈다). 하지만 이러한 모델은 수익원을 얼마든지 확장할 수 있다. 가령 페이스북에 연결된 어떤 온라인 쇼핑몰에서 드레스나 신발을 고른 다음 친구들의 반응을 확인할 수 있도록 하는 것이다. 설문조사를 보면, 최종 구매 결정에 이러한 관계의 영향력이 크게 좌우한다고 한다.[24]

물론 지금으로서는 페이스북이 이러한 거래를 통해 직접 수익을 낼 것으로 기대하기는 어렵다. 하지만 머지않아 핵심 협력업체가 연계하여 페이스북에서 최종 구매를 확정할 수 있는 시스템이 만들어질 것이다. 그러면 소셜네트워크도 수익을 가져갈 수 있는 구조가 만들어지는 것이다.

　사용자의 정보를 이용해 수익을 만들어 내는 또 다른 흥미로운 예로는 포스퀘어Foursquare를 들 수 있다. 포스퀘어와 같은 위치 기반 소셜네트워크는 회원들의 상태를 지속적으로 업데이트해 위치를 알려준다. 사용자가 술집에 있는지, 레스토랑에 있는지, 휴가 중인지 알려준다. 포스퀘어는 GPS 기술을 이용해 사용자가 있는 지역의 협력사에 정보를 보낸다. 그러면 협력사는 가까운 위치에 있는 사용자에게 기한이 한정된 모바일 쿠폰이나 할인 티켓을 보내 고객을 유인한다.

　포스퀘어의 수익 모델을 보면서, 페이스북도 위치 기반 소셜네트워크 서비스를 자체적으로 제작해 페이스북플레이스라는 서비스를 시작했다. 페이스북은 사용자가 체크인을 하면 상품을 주거나 점수를 올려주면서 이미 위치 기반 시장에 진입해 경쟁하고 있다. 물론 상점 앞을 지나가거나 주차장에 앉아서 '가짜' 체크인을 할 수 있는 단점이 있기는 하다. 이러한 가짜 체크인을 막기 위해 샵킥Shopkick과 같은 사이트는 실제로 사용자가 매장에 들어왔는지 확인해주는 서비스를 제공한다. 하지만 여전히 페이스북플레이스는 사용자가 처음으로 체크인을 하면 자동으로 페이스북 페이지로 연결해준다. 좋든 싫든 이러한 비즈니스 페이지는 가까운 미래에 비즈니스를 만들어 내는 기본적인 광고가 될 것은 당연하며, 또한 엄청난 상업적인 기회로 전환될 것이다.

위치 기반 소셜미디어에서 활약하는 거물로는 페이스북만 있는 것은 아니다. 구글도 위치 기반 서비스의 선두를 달리며 핵심적인 검색 비즈니스를 통해 유명한 사이트와 연계하여 레스토랑, 상점, 스파 등의 정보를 제공한다. 페이스북과 구글은 이러한 서비스를 마치 게임처럼 만들어 눈을 떼지 못하게 만들었다. 이로써 사용자가 사이트에 머무는 시간을 늘리면서 광고 수익 또한 증가하게 만들었다.

페이스북과 구글은 제대로 된 고객 정보를 가지고 있다는 장점이 있다. 그러나 위치 기반 소셜네트워크 제공자들의 틈새를 노리는 신생기업들을 간과해서는 안 된다. 그들은 소셜게임과 소셜커머스를 통해 스스로 고객베이스를 만들어 내고 있다. 스캐빈저SCVNGR라는 미국의 위치 기반 서비스는 2010년 여름 '빈스를 도와라'라는 물건 찾기 프로그램을 출시했다. 이 프로그램은 프로 미식축구팀 뉴잉글랜드패트리어츠New England Patriots의 팬들을 초대해 미식축구 선수 빈스 윌포크Vince Wilfork가 잃어버린 수퍼볼 반지를 다양한 위치 기반 서비스를 활용해 찾게 하는 프로그램이다.

소셜커머스 제공업체 그루폰Groupon과 리빙소셜LivingSocial은 소셜미디어 지불자 혁신에 또 다른 바람을 불러일으켰다. 이들은 회원들에게 위치 정보와 회원들이 있는 곳과 가까운 곳에서 일어나는 이벤트를 알려주고 할인쿠폰과 서비스 정보를 제공한다. 그러나 사실상 그루폰 회원이 할인쿠폰을 받으려면 많은 회원이 거래에 참가해야 한다. 결국 이러한 접근법은 친구에게 소개를 하게 만든다. 리빙소셜은 일정 인원 이상의 친구를 소개해 회원으로 가입시키면 공짜 상품을 제공한다.

이러한 거래는 초기에는 매혹적으로 다가오지만, 시간이 지날수록 흥미가 떨어지고 결국 참가자들을 모으기 쉽지 않게 된다. 그러나 위치 기반 소셜커머스가 단기 지불 혁신의 방법이라고는 생각하지 않는다. 그루폰의 경우처럼 쿠폰 제공업체는 많은 고객을 확보함으로써 혜택을 받고 그렇지 않더라도 최소한 광고에 대한 어느 정도의 보장은 기대할 수 있다.

이러한 서비스 제공자는 이제 탄력을 받기 시작했다. 그루폰은 최근 기업가치가 12억 달러까지 올라갔다.[25] 그루폰과 비슷한 경쟁력을 가지고 있는 신생 기업도 최소한 수십 개는 될 것이다. 덧붙이자면 이제는 트위터도 특정 제품을 대폭 할인된 가격에 판매하는 '데일리딜(Daily Deal)' 서비스를 시작했다. 앞으로는 소셜을 통한 판매가 소셜미디어의 현금화에 엄청난 부분을 차지하게 될 것이 자명해지고 있다.

맘스라이크미닷컴MomsLikeMe.com은 접근법이 조금 다르다. 이 사이트는 원래 「USA투데이」를 비롯한 여러 신문사를 거느리고 있는 개닛이 발행하는 「인디애나폴리스스타Indianapolis Star」가 2007년 구축한 사이트다. 이 신문사의 중견 간부는 어린 자녀를 둔 잠재고객인 18만 명의 엄마들이 제대로 소통하지 못한다는 사실을 오래전부터 인식하고 있었다. 그러다가 신문발행부수가 줄어들어 새로운 수익원을 찾기 시작하면서 엄마들의 시장을 떠올린 것이다.

상품개발팀은 인디애나폴리스에 사는 엄마들을 대상으로 소셜네트워크 사이트를 만들기로 했다. 이 사이트를 통해 지역 주민에 초점을 맞춰 17세 이하의 아이를 가진 24~44세 연령의 여성을 집중적으로 파고들었다. 인구학적 세분화를 통해 지속적으로 관찰하고 장차 행동 기반 시장세분화를 할 수 있는 데이터를 확보하는 것을 목표로 삼았다.

신문이나 잡지사가 설립한 웹사이트답지 않게, 인디애나폴리스 맘스라이크미의 초창기 콘텐츠는 많지 않았다. 개닛에 속한 자회사였음에도 불구하고 기존의 신문사는 이 웹사이트를 위해 콘텐츠를 제작하려 하지 않았다. 그래서 맘스라이크미는 커뮤니티 중심의 토론사이트로 출발했다. 이 사이트에서는 인디애나폴리스 지역에 사는 엄마들의 주요 관심사를 다루었다. 또한 아이들 물건을 중고로 매매할 수 있는 공간을 만들고 육아나 놀이시설에 대한 정보도 제공했다. 웹사이트는 두 명의 정직원이 운영하였으며, 약간의 '토론 리더'를 두었다. 토론 리더는 웹사이트에서 토론을 주도하고 적극적으로 참여하는 엄마들로 일주일에 25달러를 지급하였다. 엄마들이 관심을 갖는 이벤트에 적극적으로 참여하는 '엄마 부대'도 운영하였다. 매달 발행하는 신문 「인디맘스」는 무료로 우편으로 배송해주거나 가판대를 통해 배포했다.

이후 신시내티에도 맘스라이크미가 생겨났고(신시맘스) 계속해서 그 밖의 여러 지역에서 생겨났다. 신시맘스가 첫 해에 광고와 스폰서를 통해 기대한 수익은 20만 달러 정도였다. 하지만 6개월 만에 38만6,000달러를 달성했다.

초기의 성공에 힘입어 맘스라이크미는 결국 지역마다 생겨났고, 지금은 백 개가 넘는다. 또한 지역 제한 없이 전국을 대상으로 하는 USA 맘스라이크미닷컴도 만들었다. 개닛은 이로써 특정 지역의 개별적인 웹사이트뿐만 아니라 전체 사이트 네트워크를 통해 광고와 스폰서를 팔 수 있게 되었다. 광고주에게 맘스라이크미닷컴은 신문보다 훨씬 매력적인 공간이 되었다. 거대한 네트워크의 일부임에도 광고 공간을 개별적으로 팔아, 복잡한 거래의 장애물들을 상당히 제거했기 때문이다.

맘스라이크미닷컴이 엄마들을 개닛 신문 독자로 끌어들인 것은 아니다. 또한 전통적인 신문산업의 손실을 혼자서 막아낸 것도 아니다. 개닛은 2009년 디지털 공간을 통한 수익으로 5억8,600만 달러를 벌어들였지만, 이 수익은 대부분 커리어빌더^{CareerBuilder}와 샵로컬^{ShopLocal}에 대한 투자에서 나온 것이다.[26] 「인디애나폴리스스타」와 같은 신문은 빠르게 축소되었다. 물론 온라인 시장에서도 경쟁은 시작되었다. 니켈로디언학부모연대$^{Nickelodeon's\ Parents\ Connect}$와 고시티키즈$^{Go\ City\ Kids}$와 같은 학부모 사이트가 새로운 경쟁자로 부각되고 있다. 개닛은 첫 번째 주자였고 목표고객의 마음을 움직인 소셜네트워크 가능성을 처음으로 보여주었다.

지불자 혁신의 함정

지금까지 살펴본 수익창출 모델과 사례는 새로운 수익원을 시험해보고자 하는 기업에게 제품, 서비스, 고객 정보를 바꾸는 지불자 혁신에 대해 생각할 거리를 제공한다. 하지만 사람들은 어느 누구나 광고로 엄청난 돈을 벌 수 있다는 제안에 현혹된다. 전통적인 미디어기업일 경우 특히 위험하다.

이러한 회의적인 태도는 타당하다. 광고가 온전한 수익원이 되기는 어렵다. 전통적인 일방적 광고에서는 더욱 그렇다. 솔직히 그러한 모델은 고전을 면하기 힘들다. 아날로그 미디어시장에서는 더 힘들다. 물론 일직선으로 하락하지는 않을 것이다. 세계경제가 잠시 되살아나는 동안에는 전체적인 흐름이 잠깐 뒤바뀔지 모른다. 하지만 실수해서는 안 된다. 전통적인 광고는 시간을 두고 계속해서 추락하고 있다.

3장에서 제시한 혁신적인 광고 모델을 도입한다고 해서 기업에 즉각적인 승리를 가져다 주지는 않을 것이다. 사실 시도했다가 실패하는 사례도 많다. 예를 들면, 주택 건축자재 유통업체인 홈디포^{Home Depot}는 월마트의 광고 모델과 비슷한 3자광고를 실험하다가 결국 중단하고 말았다. 이동통신업체 버진모바일^{Virgin Mobile}은 슈가마마

Sugar Mama라는 블릭의 서비스와 비슷한 모델을 출시했다. 설문조사에 응하는 고객에게 무료통화를 제공하는 것이다. 하지만 블릭과 달리 슈가마마는 고객이 편리한 시간에 사이트에 방문할 수 있도록 했다. 결국 이 서비스는 출시 후 얼마 되지 않아 사라졌다.

제3의 기업에 정보를 팔 때 생기는 또 다른 함정은, 규정이 너무 빨리 변하고 또한 파악하기 어려워 실제로 위반할 가능성이 높다는 것이다. 물론 이는 페이스북도 여러 번 겪었던 문제로, 규정을 제대로 확립하기 위해 담당자들은 고객행동과 비즈니스 관행을 분석한다. 모두 고객을 멀어지게 하느냐, 보장된 수익원을 확보하느냐 하는 모험을 할 수밖에 없다.

3장의 앞부분에서 광고가 방해 요소에 맞서 어떻게 진화했는지 살펴보고, 더 목표화되고 통합된 기기에 의존하는 일반 대중에 대해서 이야기했다. 택시나 포스퀘어에서 보이는 위치 기반 광고부터 신시맘스와 인디맘스와 같은 지리학적 세분화를 이용한 웹사이트까지 목표층의 세분화에 대한 사례를 살펴보았다. 이러한 사례를 통해 지금도 변화가 일어나고 있음을 알 수 있다. 새로운 광고방식은 가장 정교한 형태로 다가와 지속적이고 연관성 있게 고객과 고가치 상호작용을 이끌어 내어 기업과 고객 모두에게 혜택을 주리라고 믿는다.

이러한 수익 모델이 전통적인 채널에서 잃어버린 수익을 완전히 메우지는 못한다. 블릭과 같은 기업에서는 모바일 광고가 전통적인 광고를 대체하는 것이 아니기 때문에 그리 문제가 되지 않는다. 그러나 훌루와 같은 기업에서는 중대한 문제가 된다. 예전의 아날로그 채널에서 디지털 채널로 움직임이 가속화될 수 있기 때문이다.

몇 가지 예를 보면 목표층이 정해진 현재의 광고가 실상 아직까지 그렇게 정교하지 않다는 것을 알 수 있다. 광고주가 고객의 경험을 향상시킬 수 있을 만큼 충분한 고객 정보를 가지고 있지는 않다. 택시의 뒷좌석 스크린에 광고를 전송할 수 있는 것은, 탑승자가 어디로 가는지 서버가 알고 있기 때문이다. 하지만 왜 가는지는 알지 못한다. 어떤 승객이 뉴욕의 타임스퀘어에 가는데 스크린에 타임스퀘어 주변의 멋진 레스토랑 광고가 나온다고 하자. 그가 브로드웨이 연극을 보기 위해 가는 길이라면 이것은 아주 유용한 정보가 될 것이다. 하지만 타임스퀘어 근처의 체육관에 개인 트레이닝을 받기 위해 가는 길이라면, 이 광고는 과녁을 빗나간 것이다.

새로운 수익원을 찾기 위해 지불자 혁신을 시도하려 한다면 목표층을 분명히 해야 하고, 연관성 있는 광고와 스폰서 기회를 가지고 있거나 또는 활발한 소셜네트워크를 파악하고 있어야 한다. 대부분의 기업에게 이것은 큰 장벽이다. 세분화에 대해 논의한 1장에서 고객 데이터를 파악하는 중요성에 대해서 이야기했다. 더 많이 알고 있을수록 오늘날의 시장에서 프리미엄 가치를 누릴 수 있다. 넷플릭스는 고객의 선호도를 파악하기 위한 추천 엔진 기능을 향상하기 위해 상금 100만 달러짜리 콘테스트를 열었다. 재력이 되는 기업은 문제를 해결하기 위해 돈을 건다. 하지만 가지고 있는 데이터만 활용할 수밖에 없는 그 외의 기업은 기대치에 도달하기 힘들다. 대부분의 기업이 그래서 도움이 필요하다.

데이터에서 의미를 찾는 도전은 전통적인 기업에서 더욱 악화되었다. 같은 조직 내에서도 서로 알고 있는 정보를 나누는 것을 꺼려하기 때문이다. 디지털 비즈니스에도 전통적인 회사의 벽으로 둘러쌓인 개별적인 조직이 종종 있다. 이러한 벽은 일단 세워지면 다시 깨기 힘들다.

일간지는 구독료를 지불하는 오프라인 독자와 거의 돈을 지불하지 않는 온라인 독자 사이에서 왔다 갔다 하며 고전을 하고 있다. 신문사는 웹과는 다른 어떤 경험을 종이 신문에서 제공해야 한다는 것을 깨달았다. 블로그, 질의응답포럼, 적절한 토론은 온라인 신문만이 줄 수 있는 경험이다. 그러나 온라인 신문을 만드는 에디터는 종이 신문을 만드는 에디터와는 분명 다를 것이다. 그리고 그들의 콘텐츠는 종이신문보다 다소 거칠 것이다. 또한 디지털 콘텐츠 관리는 항상 유기적으로 이뤄지는 것이 아니기 때문에, 고객에게 무엇을 주고 그것을 어떻게 체계적으로 현금화할 것인지 수익 모델 정을 만들기가 쉽지 않다.

지불자 혁신의 교훈

간접수익의 함정에는 미디어와 그 외의 기업을 끌어당길 만한 수많은 교훈이 있다. 첫 번째는 기준, 즉 기준가격을 어디에 둘 것인지 신중해야 한다는 것이다. 고객은 인터넷 하면 공짜 콘텐츠를 떠올린다. 그러나 콘텐츠를 생산하는 것은 공짜가 아니고, 온라인 광고는 대부분 콘텐츠 제작에 필요한 비용을 지불할 수 있을 만큼 충분한 수익을 만들어 내지 못한다. 어떤 제품의 가격을 0원이라고 하는 것은, 고객에게 그 제품은 돈을 받지 않아도 될 만큼 가치가 없다는 뜻이다. 가치가 없다고 신호를 보내는 제품에 누가 적은 돈이라도 지불하고 싶겠는가? 따라서 기준가격을 공짜로 책정하기 전에 당신의 계획이 간접적인 수익원과 연관이 있는지 먼저 생각해보아야 한다. 한 번 형성된 고객의 관념을 바꾸는 것은 당신이 생각하는 것보다 훨씬 어렵다.

두 번째 교훈은 간접적인 수익 모델로만 살아남은 기업은 거의 없다는 것이다. 광고주나 스폰서에 목표를 부풀려 제시하면 잠재적인 수익을 극적으로 높일 수 있을지 모른다. 하지만 그렇다고 수익이 가져다주는 기회의 총 크기를 과대평가해서는 안 된다. 현명한 기업은 간접적인 모델이 세분화 고객집단에 맞춰졌는지, 보완적인 수익원으로 제공된 것인지 다각도로 분석한다. 스포티파이와 훌루가 광고 기반 수익 모델과 구독 모델을 모두 이용하는 것처럼 말이다. 여기에 미디어에서 나오는 교훈이 있다. 미디어기업은 전통적인 광고의 손실로 가장 큰 영향을 받기는 하지만 같은 제품을 다양한 수익 모델을 통해 관리해본 경험이 풍부하다. 예컨대 신문사는 광고 수익과 구독 수익으로 균형을 잡는다. 지불자 혁신을 고려한다면 이러한 기법은 반드시 알아두어야 한다.

세 번째 교훈은 직접적인 수익 모델과 간접적인 수익 모델의 갈등을 관리하는 것이다. 그래서 이렇게 구별되는 모델 사이에서 나오는 정보와 경험을 활용할 다양한 방법을 찾는다. 여기에는 약간의 기술이 필요하다. 미디어산업의 일반적인 분쟁은 광고영업사원과 구독영업사원 사이에 발생한다. 광고영업사원은 고객을 끌어들여 높은 비용을 받기 위해 광고에서 가능한 많은 것을 보여주려고 하지만, 구독영업사원은 고객들이 광고를 가능한 피하고 싶어 한다는 사실을 잘 알고 있기 때문이다. 이 둘을 모두 만족시키는 것은 항상 어려운 과제다.

이는 이제 막 지불자 혁신을 시작하려는 기업에게 아주 좋은 소식으로 해석될 수 있다. 우리에게 약간의 시간이 있다는 것을 의미하기 때문이다. 모두들 여전히 길을 찾아 헤매고 있다. 행동 기반 세분화를 도입하면 당신이 누구와 거래를 하고 있는지 쉽게 파악할 수 있으며 잠재적으로 행동 기반 세분화에 기초한 정보에서 수익원을 창출할 수 있다. 만일 미디어 이외의 산업에 종사하고 있다면 광고주나 대행사와의 관계가 확고하지 않을 것이다.

그러나 오히려 확고한 모델과 변화를 위한 장벽을 가지고 있는 것보다 쉽게 새로운 기술의 장점과 신규 모델을 활용하는 실험을 할 수 있다. 어쩌면 특정한 기술이나 모델에 한정되지 않는 편이 더 현명할지 모른다. 이제 산업은 중대한 흐름을 타고 흘러가고 있으며 가까운 미래에도 그러할 것이기 때문이다.

[표 4-1]은 지불자 혁신 내용의 핵심을 요약한 것이다. 효율적인 지불자 혁신을 실행하기 위해 대해 고민할 때 기업의 전략과 구조, 관리 측면에서 다음과 같은 질문으로 스스로를 점검해보자.

〔표 4-1〕

지불자 혁신 요약

모델	전통적 방식	혁신	디지털시대의 예
광고 기반	일방적, 특정한 미디어를 위해 끊임없이 만들어지고 전송됨.	목표고객집단이 있고, 고객의 경험이 제품과 통합된, 독립적인 기기를 통한 광고를 이전에는 광고모델에 의존하지 않던 산업에 종종 적용.	• 블릭 • 스포티파이 • 월마트 • 뉴욕 택시
스폰서십과 PPL	텔레비전 프로그램과 생방송에 스폰서제품과 PPL이 깔림.	고객의 경험과 통합한 더 연관성 있는 방법으로 새로운 채널을 통해 새로운 콘텐츠의 형태로 브랜드를 결합.	• 베이비센터의 '베이비 콜러'(P&G와 EPT, 퍼스트 리스폰스) • EMI/로비 윌리엄스 • 라이브 네이션 • 코티야드 바이 메리어트/ 아이패드용 가넷
화이트 레이블	상품을 숨기거나 차별화해 수익을 보호	직접적인 시장 외에서는 제3자를 통해 판매	• 닝
소셜 네트워킹	지리적 세분화나 고객 세분화 안에서 입소문으로 프로모션	디지털화로 인해 소셜 그룹 안에서 영향력 있는 고객과 소통하며 대화가 가능해짐.	• 피플/스타일 파인더 • 가넷 맘스라이크미 • 포스퀘어

전략

- 제3의 지불자에게 가치를 보여줄 만큼 고객에 대한 올바른 직관력을 가지고 있는가?
- 고객에게 연관성 있는 제안을 할 만한 제3의 모델을 가지고 있는가?
- 경쟁자에 비해 차별적인 광고 전략을 적용하고 있는가?
- 다가오는 미래에는 제3의 지불자와 비교해서 어떻게 고객으로부터 직접적으로 수익을 창출할 것인가?

구조

- 실시간으로 고객의 행동을 분석해 제3의 지불자에게 전달할 수 있는가?
- 기업의 구조가 제3의 지불 모델을 다양하게 제공하고 경험할 수 있도록 되어 있는가?
- 제3의 잠재적 수익을 향상하기 위해서 무엇을 하고 있는가(예를 들어 다각적으로 정보를 제공하고, 정보에 접근하도록 하고 있는가)?

운영

- 고객에게 친근하게 다가가기 위해 소비자 중심의 제3의 지불 모델을 전달할 준비가 되어 있는가?
- 예상치 못한 상황에 유연성을 발휘할 만한 파트너와 함께 일하고 있는가?

package innovation

Not
for
Free

Saul J. Berman

4

패키지 혁신

패키지 혁신

1990년대 후반 미국의 대형 가전 유통업체인 베스트바이^{Best Buy}는 고객들의 잇따른 환불 사태에 직면했다. 환불하는 이유를 물어보면 대부분 고객은 제품이 제대로 작동하지 않는다는 불만을 토로했다. 하지만 실상을 살펴보면 고객이 소프트웨어를 제대로 설치하지 않 았거나 주변기기를 알맞게 연결하지 않은 경우가 허다했다. 기능이 다양한 제품은 소매점에는 많은 이익을 남기지만 고객은 복잡하고 까다롭다고 꺼려한다.

환불로 인한 손실을 줄일 방법을 고민하던 있던 베스트바이는 2002년 긱스쿼드^{Geek Squad}를 인수한다. 긱스쿼드는 전자제품을 제대 로 사용할 줄 모르는 사람들을 주요 타깃으로 설립된 서비스업체로, 소프트웨어 설치, 바이러스 퇴치, 운영체제 변경, 네트워크 셋업, 데 이터 백업 등 컴퓨터를 관리해주고, 전자제품을 설치해주거나 사용 법도 알려주는 서비스를 했다. 긱스쿼드는 직접 고객을 찾아가는 수 고를 마다하지 않는다.

베스트바이는 긱스쿼드를 통해 직접 제품을 설치해주고 기술에 관한 조언을 함으로써 수익률을 높이고 사용자의 실수로 인한 환불이나 교체를 막고자 했다. 환불율을 낮추면 소매점의 마진은 크게 상승한다. 긱스쿼드의 서비스를 묶어서 판매한 베스트바이의 정책은 큰 성과를 거두었다. 2009년 1만 명이 넘는 긱스쿼드 직원은 한 해 동안 400만 건의 서비스 출장을 나갔으며 이로써 베스트바이의 연간수익을 7퍼센트 끌어올렸다.[1]

다른 전자제품 소매점들도 기존의 판매 중심 전략과 서비스 중심 전략을 통합했다. 그러나 긱스쿼드만큼 서비스 브랜드로서의 인지도를 확보하지는 못했다. 예컨대 비슷한 서비스를 하던 서킷시티 Circuit City는 파산하고 말았다. 이로써 긱스쿼드는 '기술 서비스 브랜드'의 대명사가 되었다. 신뢰에 대한 명성과 긱스쿼드의 서비스로 인해 베스트바이는 시장점유율을 21퍼센트로 끌어올렸다.

가치를 재창조하는 것

베스트바이가 서비스산업으로 이동한 것은 세 번째 수익 혁신의 방법인 패키지 혁신이라고 할 수 있다. 패키지 혁신이란 기존의 상품을 변경해 가치사슬 안에서 폭넓게 경쟁하는 것이다. 기존의 상품이란 상품 그 자체를 말하는 것이 아니고, 고객이 이미 돈을 지불하고 있는 대상을 말한다. 패키지 혁신은 부분화, 가치 통합, 가치확장의 3가지 주요한 형태를 취한다([그림 5-1] 참조).

인터넷과 디지털 제품에 가장 직접적으로 연관되는 패키지 혁신

[그림 5-1]

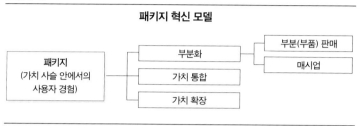

패키지 혁신 모델

은 부분화이다. 기존의 제품을 분할해 다른 용도로 사용할 수 있도록 형태를 달리 만들어 가치를 재창조하는 것이다. 제품을 한 번 분할하면 다른 형태로 다시 재조립할 수도 있다. 이를 '매시업'이라고 하는데 이 용어는 새로운 가치 제안을 위해 서로 다른 제품이나 서비스의 부분을 통합하는 것을 말한다.

가치 통합은 같은 가치사슬 내에서 기회를 찾는다. 베스트바이가 긱스쿼드를 인수한 것은 제품이 중심이 되는 소매점에 서비스를 묶어 가치를 통합한 것이다. 이런 식의 제품과 서비스의 통합은 기술산업과 제조산업에서는 오랜 역사를 가지고 있다. 기술산업과 제조산업에서 임대와 서비스에 대한 계약은 수십 년 동안 산업의 일부분이 되어왔다. 오늘날 가치 통합을 통한 패키지 혁신은 기업이 어떤 방향으로든 움직일 수 있다는 것을 보여준다. 제품에서 서비스로, 서비스에서 제품으로, 또는 다른 여러 원천에서 제품이나 서비스를 혼합해 새로운 조합을 만들어 낼 수 있다.

가치 통합은 일반적으로 같은 가치사슬 내에서 발생하는 반면 가치 확장은 브랜드나 제품을 주변의 시장까지 넓힌다. 엔터테인먼트 산업에서는 오프라 윈프리와 마사 스튜어트를 비롯해 최근에는 타이라 뱅크스까지 유명인들의 가치 확장이 인기를 끌고 있다. 가치 확장은 마케팅 파워를 이용해 동등한 선상에 있는 시장까지 활동 범위를 넓힌다.

앞으로 살펴볼 예를 보면 패키지 혁신의 핵심은 기존의 상품 자원에 새로운 숨결을 불어넣어 다른 목적을 위해 사용하도록 하는 것임을 알 수 있다. 기존의 제품이나 부품을 새로운 시장에 판매하거나, 가치사슬 내의 다른 제품이나 부품을 가져와 기존의 핵심 비즈니스에 통합해 혁신을 이룬다. 수익 혁신으로서의 패키지 혁신은 서문에서 언급한 기업이나 산업 혁신에 대한 한 층 깊이 있는 비즈니스 모델 혁신까지는 미치지 않는다. 수익 혁신은 핵심 수익원에서 벗어나는 것이 아니라 수익의 변화를 촉진하는 것이다. 따라서 패키지 혁신은 기업의 핵심 사업에 부가가치를 더하는 것처럼 가치사슬의 다른 곳에서 가치를 통합하거나 덧붙이는 것에 중점을 둔다.

패키지 혁신은 다양한 형태로 나타나기 때문에 한마디로 정의하기에는 다소 애매하고 어렵게 느껴질 수 있다. 혁신은 몇 개의 모델에 걸쳐서 일어날 수도 있고 심지어는 관점에 따라 바뀌기도 한다. 기업은 제품을 부분화하기도 하고, 부분화한 제품을 다시 다른 제품과 결합해 가치 통합을 할 수도 있다. 요컨대 패키지 혁신의 명확한 정의를 고민하는 것보다 수익 향상을 위한 새로운 수단을 찾는 것이 더 중요하다.

부분화

부분화는 기존의 제품을 부분으로 나누어 다른 용도로 판매하거나 다른 세분화 고객집단을 겨냥해 판매하는 것을 말한다. 물론 그중에는 기존 고객에게 더 어울리는 제품도 있다. 부분화는 여러 면에서 미디어산업보다 그 이외의 산업에서 훨씬 역사가 깊다. 예를 들면, 소프트웨어산업은 묶음으로 만들어진 독립적인 프로그램이 부분적으로 사용되다가 다시 통합되기도 하면서 반복적인 주기를 겪어왔다. 기업 소프트웨어 구축과 운영 서비스를 제공하는 SAP은 전통적인 재무관리, 인적자원관리와 관련한 상품을 팔면서 동시에 운영이나 업무 프로세스를 위한 상품도 덧붙여 판매한다.

부분화는 또한 호텔산업과 같은 곳에서도 나타난다. 프랜차이즈 호텔 중 하나인 포시즌Four Seasons은 객실 손님을 위해 독특한 환경과 분위기를 지속적으로 만들어냈다. 그러면서 또한 '경험'을 부분화해 고객이 어디에서든 원하는 분위기를 즐길 수 있도록 했다. 원한다면 예전처럼 전통적인 패키지로 하룻밤에 400달러를 내고 객실을 이용할 수 있다. 또는 매트리스와 린넨은 호텔에 있는 것을 사용하고 목욕가운과 슬리퍼는 집에서 가져와 사용하는 부분화 방식을 선택할 수도 있다.

미디어산업이 수익 혁신의 일환으로 부분화를 사용하는 방식에서도 배울 만한 점이 있다. 디지털 포맷은 개인의 필요에 맞춰 나누고 전달할 수 있기 때문에 다양한 부분화를 무제한으로 활용할 수 있다. 가장 흥미로운 부분화는 원래의 의도가 아닌 다른 목적이나 기능을 위해 사용하는 것이다. 이러한 부분화를 통한 접근은 기존의 수익을 갉아먹을 위험 부담이 없이 새로운 시장을 파고들 수 있다.

수익 측면에서 가장 흥미로운 부분화 사례는 음반회사에서 찾을 수 있다. 디지털시대 이전에 음반을 부분화한 사례는 영화나 광고와 같은 곳에 사용할 음원을 판매하는 것이었다. 물론 영화사나 광고사는 노래 전체가 아닌 후렴이나 일부분만을 사용하고 싶어 했지만, 음반회사가 그것을 허락하지 않으면 전체를 구매할 수밖에 없었다.

음악의 부분화는 벨소리의 이익률을 다르게 책정하게 되면서 나타났다. 벨소리는 1997년 일본의 한 업체가 10대들의 휴대전화 연결음을 좋아하는 노래의 특정 부분으로 바꿔주는 서비스를 하면서 시작되었다. 1998년 일본의 음반시장은 벨소리 활용에 관한 '책'을 출시해 사용자들이 쉽게 음원을 휴대폰에 넣을 수 있도록 상품화했다. 그리고 머지않아 다른 나라에서도 일본을 따라 하기 시작했다. 20초에 2달러였던 벨소리 다운로드 서비스는 폭발적인 인기를 끌었고, 2004년에는 20억 달러가 넘는 시장으로 성장했다. 때로는 20초짜리 벨소리가 원곡 자체보다 더 인기를 끈 경우도 종종 있었다. 예컨대 2004년 한국에서는 벨소리 매출액이 음반 판매액을 뛰어넘기

도 했다.[2]

벨소리 시장의 교훈은 잠재적인 부분화 수익을 사로잡는 방법일 뿐 아니라 시장이 어떻게 변하는지도 가르쳐준다. 2004년 정점을 찍은 벨소리시장은 그 후 빠르게 하락세를 탔다. 여타 다른 산업과 마찬가지로 기술이 수익 모델을 따라잡은 것이다. 지금은 누구나 MP3 음악파일을 원하는 길이만큼 잘라서 스마트폰에 삽입할 수 있다. 그리고 스마트폰은 원하는 오디오 파일은 무엇이든 벨소리로 사용할 수 있다.

부분화는 비디오게임과 같은 다른 부분에서도 증가하고 있다. 〈스타워즈〉는 비디오게임 시리즈로 유명한데, 최근에는 카툰네트워크^Cartoon Network, CN*에서 〈스타워즈: 클론전쟁 게임크리에이터〉가 출시되었다. 이 게임은 게이머 스스로 게임에 필요한 구성 요소를 적절히 조합해 자신만의 스타워즈 게임을 만드는 것이다. 등장인물과 시나리오를 이용해 게임의 진행과 활동을 디자인하고 레이아웃을 정해 장애물과 게임 목표를 설정할 수 있다. 게이머들은 자신이 만든 게임을 커뮤니티 사이트에 올려 다른 회원들과 같이 플레이해보고, 가장 잘 만든 게임을 투표를 통해 선정한다. 이와 같은 쌍방향 게임은 점차 많은 주목받고 있다.[3]

서비스 부문도 부분화로 수익을 창출하고 있다. 그중 가장 모범적

---

*미국 터너사의 애니메이션 채널 웹사이트.

인 사례로 아마존을 들 수 있다. 아마존은 핵심 비즈니스 모델을 추진하기 위해서 개발한 내부적인 서비스 기술을 부분화하여 개별적인 서비스로 판매하기 시작했다. 예를 들면 아마존데이터센터는 이제 서버를 쪼개서 판매하는 클라우드컴퓨팅 제공자로서 수익을 창출하고 있다. 더 나아가 아마존은 지불관리 서비스도 이와 같이 부분 판매를 시작했다. 아마존의 '원클릭' 시스템을 이제 어떤 사이트에서나 구현할 수 있다. 아마존은 이러한 서비스들을 주요 수익을 창출하기 위한 기술로 개발한 것이지 처음부터 시스템을 판매할 목적으로 개발한 것은 아니었다. 하지만 부분화를 통해 패키지 혁신을 만들어냈고, 조직 내 핵심 자원을 중심으로 새로운 수익원을 만들어낸 것이다.

기업은 또한 패키지 혁신을 위해 개별적으로 분리해내기 힘든 기술도 부분화 할 수 있다. 예를 들면 애플의 오프라인 매장인 애플스토어는 뛰어난 디자인으로 다른 브랜드들로부터 부러움을 사고 있다. 마침내 2009년 디즈니는 디즈니 매장을 완전히 리모델링하기 위해 엄청난 성공을 거두고 있는 애플스토어 디자인 부문과 손을 잡기로 했다.[4]

사례: 부분화와 플랫폼, 그리고 주변기기

애플, 마이크로소프트, 트위터, 아마존과 같은 기업은 부분화를 다각도로 시도했다. 자신의 제품만 분리해서 파는 것이 아니라, 다른 사람들도 새로운 기능을 개발하는 데 참여할 수 있도록 소스를 오픈하기도 했다. 효율적으로 자사 제품을 플랫폼으로 구축하면서 다양한 시장이 그 위에서 가치를 개선할 수 있도록 뒷받침했다.

아이폰 앱스토어는 그중 대표적이라 할 수 있다. 재정관리, 건강관리, GPS맵핑, 비디오게임 등 아이폰은 앱스토어라는 플랫폼을 개방함으로써 독창성과 창조성을 갖춘 제3의 기업들이 필요한 모든 소프트웨어를 만들어낼 수 있도록 뒷받침하였다. 수익 혁신의 관점에서 보면 애플은 앱이 하나 팔릴 때마다 30퍼센트씩 수익을 가져간다. 앱은 대체로 가격이 저렴하지만 엄청난 수의 사람들이 앱을 구매하기 때문에 전체적으로 계산하면 어마어마한 금액이다.[*] 물론 실매출액은 대부분 여전히 아이폰, 아이팟터치, 아이패드 등 기기판매에서 나온다. 하지만 애플은 앱스토어를 통해서 새로운 수익원을 혁신했고 또한 이를 통해 기기의 판매량을 높였다.

애플이 이러한 접근법의 선구자는 아니다. 마이크로소프트는 자사 제품의 유용성을 높이기 위해 다른 기업을 이용하는 데 가장 뛰

---

[*] 시장조사전문회사 데이터퀘스트가 2009년 12월 발표한 보도자료에 따르면 애플이 아이튠즈 스토어에서 2009년 한 해 동안 얻은 수익은 약 40억 달러라고 한다.

어나다. 빌 게이츠는 개인이나 기업이 사용하고 싶어 하는 어플리케이션이 윈도우에서만 실행되도록 한다면, 윈도우가 데스크탑과 서버를 지배할 수 있다는 사실을 수십 년 전 깨달았다.

그래서 마이크로소프트는 소프트웨어 개발사들이 윈도우 기반 어플리케이션을 쉽게 만들도록 장려했다. 교육하고 수료증을 발급하고 멀티미디어 API(Application Programming Interface, 응용프로그램인터페이스)와 자체 도구상자를 개발했다. 마이크로소프트는 산업별 프로그램을 미리 패키지로 만들어놓았다. 추가적으로 코딩이 필요하긴 하지만, 기본적인 내용은 이미 모두 들어가 있다. 애플이 혁신을 이룬 바로 그곳에서 마이크로소프트는 다른 기업을 흡수하지 않고도 독립적인 소프트웨어 개발자들로부터 어떻게 수익을 만들어낼지 계산하고 있었다.

부분화의 플랫폼 모델은 빠르게 퍼져나갔다. 애플의 뒤를 따라 구글은 다양한 기기에서 사용할 수 있는 안드로이드 플랫폼을 구축하고 개발자들이 상품을 직접 판매할 수 있는 안드로이드 앱스토어를 구축했다. 휴대전화 통신회사도 마찬가지다. 아마존은 킨들을 플랫폼으로 구축하고, 콘텐츠를 부분으로 만들었다. 트위터와 페이스북은 자신의 시스템을 플랫폼으로 제공함으로써 API 인증서비스를 추가적인 수익원으로 전환하기 위해 노력하고 있다.

매시업

부분화된 제품을 다시 결합해 새로운 상품을 만들어 내는 것을 매시업이라고 한다. 매시업은 처음 음반산업에서 시작되었다. DJ들이 전혀 관련 없는 두 개의 노래를 골라(초창기 선두자들은 랩을 비틀즈의 노래와 뒤섞기도 했다) 믹싱해 새로운 음악을 만들어냈다. 음반산업의 매시업은 음반회사와 팬 양쪽 모두에게 빠르게 호응을 얻어냈다.

웹 프로그래머는 재빨리 행동을 개시해 다양한 데이터와 웹서비스를 사용해 매시업을 만들었다. 이는 단일한 목적을 가진 웹어플리케이션의 폭발로 이어졌다. 예컨대 정부의 데이터와 구글의 맵핑 서비스를 이용해 미국 정부의 지출을 추적하기도 한다.

미디어 이외의 산업에서는 서로 연관성이 없는 제품을 뒤섞어 사용함으로써 독특한 가능성이 나타나기도 한다. 독일의 한 회사는 베슬트랙커Vessel Tracker라고 하는 서비스를 시작했다. 구글어스에 등록된 항구와 배의 정보를 이용해 전 세계 어디쯤 선박이 있는지 알려주는 서비스이다. 이 서비스는 물류관리자와 선적중개인에게 매우 유용한 정보를 제공한다. 싱가포르나 샌프란시스코로 들어오는 선적에 여유 공간이 얼마나 있는지 파악함으로써 협상에 매우 유리한 고지를 점령할 수 있다. 베슬트랙커는 광고를 확보하기 위해서 무료 회원 제도를 통해 회원을 모집한다. 물론 유료 회원은 무료 회원보다 더 많은 데이터에 접근할 수 있다.

매시업으로 패키지 혁신을 하려면 가치 있는 자산에 대한 통제권을 포기할 줄 알아야 한다. 여기서 자산이란 당신이 제공하는 서비스가 될 수도 있고 아니면 수집해놓은 데이터가 될 수도 있다. 자신의 자산을 다른 사람들이 이용할 수 있도록 내어줌으로써 수익을 확보할 수 있고, 반대로 다른 기업의 자산을 이용해 매시업을 만들어 수익을 확보할 수 있다. 어느 쪽이든 다른 사람들이 나의 자산이나 정보에 접근하도록 허용하는 일에는 위험이 따른다. 재미있는 예로 '우리집 좀 털어주세요(Please Rob Me)'라는 사이트를 들 수 있다. 이 사이트는 트위터와 포스퀘어의 위치 공유 정보를 이용해 빈집을 알려준다. 실명을 사용하는 사용자들이 많기 때문에 정보를 이용해 자신의 집이 언제 비는지 쉽게 알 수 있다는 경각심을 일깨워준다.

가치 통합

부분화와 매시업은 기존 제품을 다른 사용자 집단을 위해 나누라고 요구한다. 하지만 가치 통합은 가치사슬 안에 있는 고객층에게 가치를 심어주고 확장하게 해준다. 서비스 부품을 기존 제품에 추가하거나 반대로 제품을 서비스에 추가하는 형태 둘 다 가능하다.

가치 통합 모델은 기업에게 가치사슬 속 어디에나 존재하는 수익 기회를 확실하게 이용할 수 있도록 해준다. 통합은 어떤 가치사슬에서나 수요나 욕구가 유동적이라는 것을 인식하게 한다. 그러므로 오늘의 주력상품이 내일의 미끼상품이 될 수 있다.

[그림 5-2]

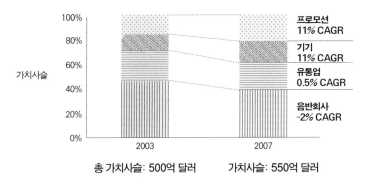

다른 가치사슬로 이동하면서 나타난 음반산업의 성장률 변화

2003-2007 산업별 CAGR: 3퍼센트

- 프로모션 11% CAGR
- 기기 11% CAGR
- 유통업 0.5% CAGR
- 음반회사 -2% CAGR

총 가치사슬: 500억 달러 (2003)   가치사슬: 550억 달러 (2007)

자료제공: 2008-2012 PWC 글로벌아웃룩, 2008 소비자가전협회(CEA) 시장분석, 2007 베로니스 슐러 (Veronis Suhler), 2007 e마케터, IBM 분석

다시 음반회사로 돌아가보면, 이러한 역동적인 변화가 얼마나 빨리 일어나는지 개별적으로 설명할 수 있다. 음반의 가치는 2006년 이후 가치사슬의 다른 부분으로 이동했다고 앞에서 언급한 바 있다. 음반회사의 콘텐츠 연평균성장률(Compund Annual Growth Rate, CAGR)은 2003년과 2007년 사이에 2퍼센트 감소했다. 하지만 음반산업 전체적으로 보면 공연과 스폰서를 통해 수익을 내기 시작하면서 전반적인 CAGR이 증가하기 시작했다([그림 5-2] 참조).

사실상 음반시장을 진짜 혁명한 사람은 애플처럼 기기 판매와 음반 구매, 음악 선택과 구성을 쉽고 매끄럽게 통합한 제조업체이다.

제3장 지불자 혁신 부분에서 스폰서에 대해 설명할 때 언급했듯이 프로모션도 또한 혁신하고 있는 중이다. 음반회사와 소매점은 가치 사슬의 다른 부분을 서로 잘라내기 위해 심혈을 기울이고 있다. 그러나 대부분 스스로 혁신하기 보다는 가수에 더 의존하고 있는 실정이다.

음반회사에서 배울 수 있는 교훈은, 가치가 변해 어쩔 수 없이 변화해야 하는 상황에 몰리기 전에 가치를 제품으로 통합하기 위한 기회를 찾아야 한다는 것이다. 그러려면 어떻게 해야 할까? 운 좋게도 성공적인 사례가 있다.

'서비스화(Service-ization)'는 GE와 같은 자본설비제조사들이 사용하는 가치 통합접근법 중 하나로, 기존에 판매하던 상품을 대여와 같은 서비스 상품으로 바꾸는 것이다. 소프트웨어 업체들은 일반적으로 상품 가격의 8~12퍼센트를 제품의 유지보수, 업그레이드, 문제 해결과 같은 서비스 패키지 명목으로 받아왔다. 최근에는 이러한 패키지를 'SaaS(Software as a Service, 서비스형 소프트웨어)로 혁신했다. SaaS를 제공하는 기업은 네트워크와 하드웨어의 유지보수뿐 아니라 소프트웨어, 하드웨어, 내부 네트워크를 소유해 관리하는 서비스로 확대했다. 사용자는 라이센스 비용을 더 지불해야 하지만 하드웨어와 네트워크를 구매할 경우 지불해야 하는 다양한 관리비용을 절약하게 된다.

더욱 재미있는 예로는 상업용 카펫 서비스를 제공하는 업체 인터페이스^{Interface}의 경우를 들 수 있다. 카펫타일의 선두업체인 인터페이스는 몇 년 전 전통적인 타일의 재료인 나일론 6과 나일론 6.6뿐만 아니라 카펫 안감의 접착제를 모두 재활용하는 방법을 개발했다. 매립되고 말 쓰레기를 혁신적으로 재활용하는 주요한 기술을 개발한 것이다. 하지만 재활용 카펫을 수거하는 것이 문제였다.

사람들은 롤이나 타일 형태로 판매하는 카펫을 설치한 뒤 몇 년이 지나면 으레 교체를 해야 한다고 생각한다. 하지만 몇 년이 지나도 가구를 놓아둔 자리는 거의 처음 그대로 보존되어 있다. 즉 3~5년이 지나면 상태가 좋지 않은 타일과 좋은 타일의 비율은 30대 70정도가 된다. 인터페이스는 카펫타일을 판매하면서 시간이 지나 닳아진 부분은 얼마든지 교체해준다고 약속한다. 고객은 전체적으로 타일을 교체하지 않아도 되니 목돈을 절약하게 되고, 인터페이스는 재활용을 통해 제작비용을 줄일 수 있다.

이러한 서비스 계약을 통한 가치 통합은 제조사에 대한 고객의 충성도를 끌어올리고 고객에게 제품에 대한 신뢰도를 확실하게 심어준다. 또한 인터페이스와 같은 접근법은 제품의 수명을 늘려준다. 이러한 혁신은 수동다수층을 대상으로 하는 것이다. 인터페이스는 설치, 사용, 회수, 폐기 등 모든 과정을 직접 맡아서 처리함으로써 고객들에게 상당한 편의를 제공했다.

세계 최고의 윤활유 전문 제조업체 캐스트롤^{Castrol}도 캐스트롤컴플리트^{Castrol Complete}를 통해 윤활유 판매뿐만 아니라 직원 서비스 훈

련과 규정 준수, 수명이 다 된 제품의 폐기처분과 정제 서비스를 도맡아 처리한다. 환경에 대한 관심이 고조되는 시기에, 인터페이스와 캐스트롤 같은 서비스 모델은 제조사들이 안전하게 제품을 폐기한다는 인상을 심어준다. 제품의 수명이 다하면 수거해서 원래 있던 곳으로 돌려보내기 때문이다. 기업들은 또한 수거한 제품을 약간의 비용만으로 재활용한다.

베스트바이가 긱스쿼드를 인수했듯이 새로운 서비스 요소는 기술을 필요로 하고 그로 인해 새로운 산업을 부각시키기도 한다. 다양하게 출시되는 신기술로 인해 베스트바이는 긱스쿼드와 같은 기술업체를 활용하는 서비스가 필요했다. 지금부터 한 세대 전만 해도 하이테크 제품은 기계를 잘 만지거나 스스로 알아서 터득할 줄 아는 사람만의 전유물이었다. 우리 아버지 세대만 해도 혼자서 공부해 자동차를 수리하곤 했다. 그 당시에는 자동차를 소유한 사람이라면 누구나 오일 교환과 타이어를 교체하는 작업을 혼자 해냈다. 하지만 지금은 다르다. 타이어를 교체하는 정도의 단순한 일을 배우는 것조차 시간과 노력을 투자하는 사람들이 거의 없기 때문에 긴급출동 서비스는 엄청난 비즈니스로 부상하고 있다.

핵심역량 이론으로 유명한 프라할라드[C.K. Prahalad]는 신흥국가의 저소득층에 대한 조사에서 가치 통합의 또 다른 예를 찾는다. 많은 다국적 기업들이 인도, 남미, 아프리카와 같이 성장하고 있는 시장에 접근하기 위한 방법을 모색하고 있다. 신흥국가의 시장은 세분화되어 있고 유통망을 구축하는 것도 매우 어렵기 때문에 많은 기업들이 신흥시장에 뛰어드는 것은 별로 소득이 없다고 판단했다. 하지만 유니레버를 비롯한 몇몇 업체는 소액금융기관 네트워크를 활용하는 방법으로 실험을 해보기 시작했다. 이러한 네트워크는 소액금융제공자가 가난한 사람들에게 접근하여 수익을 얻을 수 있는 길을 열어주었고, 동시에 어떤 사람의 소득이 늘어나는지 쉽게 알 수 있는 길을 열어주었다. 유니레버는 이제 소액대출자들을 기반으로 상품을 소비할 수 있는 완벽한 유통망을 갖게 된 것이다.[5]

미디어산업의 가치 통합

가치 통합은 미디어에서도 중요한 역할을 한다. 잡지출판사는 광고주에게 창조적인 서비스를 직접 전달하기 위해 창조적인 재능을 발휘한다. 잡지의 광고가 28퍼센트까지 추락했을 때 WPP와 같은 광고회사는 창조적인 비즈니스를 넘어선 다양화를 시도했고, 몇몇 주요 잡지사는 잡지의 디자인과 레이아웃을 새로 짜기 위해 조직 내 인력을 활용하고 광고 제휴사들을 위한 캠페인을 펼쳐나갔다.[6] 이러한 창조적인 작업을 통해, 잡지의 내용과 함께 광고를 통제하는 능력이 높아졌다. 허스트Hearst와 콘데나스트Conde Nast가 이 분야의 선두주자이다.

2009년 10월 허스트는 LG전자의 사내 디자인 광고 시리즈를 제작했다. 주방가전을 중점적으로 다루는 잡지 「하우스뷰티풀House

^{Beatiful}」과 「코스모폴리탄^{Cosmopolitan}」에 실을 광고를 비롯해 LG스마트
폰 문자메시지용 광고도 만들었다. 매체의 차이와 무관하게 독자들
이 이질감을 느끼지 않고 연관 지을 수 있도록 인쇄광고부터 작은
웹사이트 광고까지 통일성을 주었다.

콘데나스트는 이와 비슷하게 2009년 10월 렉서스의 새 모델 HS
250h 홍보를 위한 광고 판매에 이와 비슷한 창조적 서비스를 덧붙
였다. 유명한 아티스트와 디자이너로 이뤄진 세 팀이 다양한 잡지사
의 콘텐츠에 어울리는 특징적인 자동차 광고를 만들어 냈다.(「와이어
드」, 「뉴요커」, 「보그」, 「베니티페어」, 「GQ」, 「아키텍처럴다이제스트」)[7] 콘데나
스트나 허스트 둘 다 출판의 핵심 산업에서 비켜나지 않고도 창조
적인 서비스를 제공함으로써 엘리트 광고 고객들로부터도 추가적
인 수익을 확보한 것이다.

광고 서비스 분석

예전에는 광고지면을 판매하는 것이 유일한 수익 구조였던 미디
어기업들이 창조적인 서비스를 통합한 것은 부수적인 서비스를 제
공하는 미디어기업의 첫 번째 시도일 것이다. 디지털 영역도 이러한
흐름에 뛰어들기 시작했다. 예를 들면 구글은 광고주에게 광고를 더
욱 더 유발하기 위한 미끼로 광고 효과 분석 서비스를 제공한다.

구글의 핵심적인 수익 모델은 '검색어'를 경매를 통해 판매하는
것이었다. 또한 구글은 뛰어난 통계 능력을 활용해 사람들이 얼마나

많이 광고를 클릭하는지를 분석하고, 광고의 반응을 기업이 직접 추적할 수 있도록 만들었다. 얼마나 많은 사람들이 클릭하고, 어떤 요소가 클릭을 유발하는지, 또는 그렇지 않은지 보여준다. 어떤 검색어를 통해 찾아오는지, 하루 중 어느 때에 클릭 횟수가 가장 많은지도 보여준다. 이러한 결과를 바탕으로 기업은 반응이 시원찮은 광고보다는 고객의 흥미를 끌 수 있는 광고에 링크를 걸어 검색 결과의 질을 향상시킬 수 있다.

구글은 유튜브의 비디오클립에도 이와 같은 분석적인 정보를 적용하였다. '콘텐츠ID'라는 기술을 통해 구글은 비디오클립에 태그를 붙여 인기도와 사용 현황을 추적했다. 결과적으로 구글은 이를 통해 더 많은 광고 수익을 올리게 되었고, 미디어기업은 어떻게 사람들이 콘텐츠를 받아들이고 소비하는지 더 잘 이해할 수 있게 되었다.

유튜브의 상업적인 비디오광고는 여전히 새롭고 주요한 변화로 여겨진다. 유튜브에 영화나 쇼가 올라오면 콘텐츠 소유주는 클립을 내려달라고 요청한다. 하지만 해당 게시물을 내린다고 해도 한 번 도용된 콘텐츠는 또 다시 올라온다. 도용한 콘텐츠를 다양한 버전으로 올리는 경우에는 구글도 완전히 통제하기 어렵다.[8] 시간이 지나면서 미디어기업은 자신의 콘텐츠를 보호하기 힘든 상황을 감내할 수밖에 없다는 사실을 깨달았다. 결국 그들은 콘텐츠를 이용해 광고 수익을 내고 그 수익을 나누는 방법을 찾는 것으로 접근 방법을 바꾸었다.

구글은 이제 유튜브의 콘텐츠에 반투명 광고를 넣고 있다. 그리고 동영상 조회수는 물론 동영상을 끝까지 다 보았는지, 어느 부분만 보았는지, 어느 부분을 생략하고 넘어가는지, 어느 부분을 되돌려보는지 분석해서 보여준다. 이러한 분석 정보는 콘텐츠 소유자에게 무료로 제공한다. 이러한 서비스는 고객의 선호도를 깊이 있게 파악하여 광고주에게 제공함으로써 유튜브나 구글에 더 많은 광고를 유치하기 위한 시도이다. 광고 분석은 또한 제품 개발 정보를 광고주들에게 제공함으로써 광고주들을 떠나지 못하게 붙잡는 역할을 한다.

구글에게 이러한 시도는 시작에 불과하다. 유튜브를 운영하는 데들어가는 어마어마한 비용을 고려한다면 절대 공짜로 서비스를 지속할 수 없다. 따라서 구글은 계속해서 새로운 서비스를 개발하여 패키지를 만들고 첨단 광고기법을 활용하여 엄청난 수익 혁신을 도모할 것이다. 수익 혁신 방법을 연구하고자 한다면 구글과 유튜브를 눈여겨봐야 한다.

제품 재정의를 통한 가치 통합

구글의 웹 분석 서비스는 일반적으로 실제 상품이나 광고를 더욱 가치 있게 만들기 위해 사용된다. 하지만 전통적인 일회성 포맷을 통해 거래되던 제품에 정보를 통합하는 것은 새로운 고객집단에 접근하는 길을 열어준다. 물론 이는 새로운 관계를 만들어 내어 그동안 판매하던 상품에 대한 여러 부분을 다시 정리하고 가격 정책도 새롭게 바꿀 수 있게 만든다.

자동차산업에서는 운전자에게 실시간으로 정확한 위치와 속도, 연료 소모에 대한 정보를 제공한다. 자동차를 도난당했을 때에도 이러한 정보로 자신의 자동차가 어디에 있는지 추적할 위치를 수 있다. GM의 온스타와 포드의 싱크는 선구적인 예이다. 기간산업에서는 전자제품에 부착된 스마트센서를 통해 전력량을 비롯해 여러 정보를 알려줄 것으로 기대하며 미래의 '스마트홈' 시스템을 예견해왔다. 스마트세탁기는 직물의 혼합 비율을 스스로 파악해 물의 온도를 자동으로 맞추고, 스마트냉장고는 음식물의 재고 상황을 파악하여 우유를 언제 사야 하는지 주부에게 알려줄 것이다.

이러한 아이디어는 상품에 대한 고객의 이해를 바꿀 수 있는 산업에서만 현실할 수 있다. 앞에서 전기자동차를 생산하여 전 세계에 보급하고자 하는 베터플레이스에 대해서 이야기했다. 베터플레이스의 설립자 샤이 아가시는, 목표를 달성하기 위해서는 가격 때문에 전기차 구매를 망설이게 해서는 안 된다고 생각했다. 그리고 이렇게 자동차 가격을 대폭 낮춤으로써 베터플레이스는 다른 쪽에서 수익을 창출해야만 했다. 바로 베터리를 교환하고 충전해주는 서비스를 통한 수익이다.

이러한 문맥으로 보자면, 토요타에 급발진 소동이 일었을 때가 어쩌면 자동차산업에는 기회였을지 모른다. 페달이 바닥 매트에 끼는 문제는 실제로 소수의 운전자들에게만 일어났고, 사실상 대부분 운전자들이 액셀러레이터를 브레이크 페달로 잘못 알고 밟았기 때문에 사고가 났다. 하지만 그 모든 책임은 자동차제조사가 덮어썼다.

자동차제조사들은 이전부터 정교한 블랙박스를 설치하라는 압박을 받았으나 자동차 가격이 올라간다는 이유로 이를 거부했다. 하지만 블랙박스를 설치했더라면 수익은 떨어지더라도 사고가 발생했을 때 자동차 제조사의 책임을 명확하게 규명할 수 있었을 것이다. 더 중요한 것은, 정교한 블랙박스를 통해 자동차제조사들은 높은 마진을 남길 수 있는 패키지서비스의 길을 열 수 있었다. 운전 습관에 따라 정확하게 언제오일을 언제 교체해야 하는지, 또 어떤 엔진오일을 써야 하는지, 연비를 최대화하려면 어떻게 해야 하는지 매일 조언을 할 수 있다면 어떻게 될지 생각해보라. 이를 통해 가격 혁신은 물론 지불자 혁신으로 나아갈 수 있었을 것이다.

최근에 제품을 재정의한 예로는 커피산업의 네스프레소를 들 수 있다. 네스프레소는 커피산업의 모든 가치사슬에서 관여한다. 기존의 커피음료 공급자는 일반적으로 면도기(커피 머신)를 판매하거나 면도날(커피)을 판매하는 방식이었다. 하지만 네스프레소는 두 방식을 모두 활용했다.

네슬레에서 운영하는 이 커피회사는 자체 에스프레소머신을 이용하였는데, 커피 역시 이 기기에서만 사용할 수 있도록 디자인한 것이다. 이 모델은 사무실, 호텔, 레스토랑에서 큰 인기를 끌었고 지금은 가정용으로도 상당한 인기를 끌고 있다. 어느 한 부분을 집중적으로 판매해 수익을 내는 면도기 방식과는 달리 네스프레소는 닫힌 시스템을 구축하고 프리미엄 가격 정책을 유지했다. 227그램짜리 네스프레소 카푸치노는 케이컵스^K-Cups나 커피포드^Coffee Pod와 같은 경쟁업체에 비해 두 배나 비싼데도 불구하고 네스프레소의 매출은 2007년에 40퍼센트나 성장했으며 산업성장률은 5퍼센트를 넘어섰다. 2010년에는 전 세계 에스프레소머신 시장의 27퍼센트를 점유했다.

가치 확장

가치 확장은 기존의 가치사슬을 새로운 방식으로 재조합하거나 버무려서 기존 제품에는 없던 새로운 가치를 만들어 내는 것이다. 패키지 혁신과 관련한 접근법은 브랜드나 제품 라인을 확장하여 동종 시장에 새로운 가치를 제공할 때 나온다. 가치 확장의 대표적인 예로는 유명인들이 자신의 명성을 활용해 사업을 펼치는 것이다. 그웬 스테파니와 숀 컴은 의류 브랜드를 출시했다. 제니퍼 로페즈는 향수를, 기네스 펠트로는 굽^Goop.com이라는 라이프스타일 사이트를 만들었다. 살림의 여왕 마사 스튜어트는 자신의 이름을 내건 토크쇼부터 시작하여 잡지, 주방용품, 자수린넨, 카펫 등 다양하게 제품 라인을 확장하고 있다. 마사 스튜어트의 명성은 심지어 그녀가 감옥에 있을 때조차도 멈추지 않았다.

타이라 뱅크스^{Tyra Banks}는 현재 두각을 나타내는 유명인 중 하나다. 한때 슈퍼모델이었던 그녀는 모델 시절의 경험과 지식을 살려 슈퍼모델을 선발하는 리얼리티 TV쇼 〈도전! 슈퍼모델(America's Next Top Model)〉을 시작했다. 이전에 방송한 〈타이라쇼(Tyra Show)〉와 〈스타일리스타(Stylista)〉를 통해서 타이라 뱅크스는 1년에 1,800만 달러를 벌어들였다. 10대에 모델을 했던 여자가 벌어들이는 수입 치고는 나쁘지 않은 수준이다.[11]

이러한 예들이 보여주듯 긍정적인 영향을 미치는 분명한 브랜드를 확장하는 것은 매우 자연스럽다. 특히 목표시장이 같거나 세분화 그룹이 비슷한 경우에는 더욱 그렇다. 그러나 부정적인 연관성을 가진 브랜드는 어떨까?

나이키는 스포츠화와 의류에 있어서 세계적으로 유명한 기업이다. 하지만 나이키는 운동화 생산공장의 비인간적인 대우와 열악한 근무 환경으로 인해 많은 비난을 받았다. 다른 제조사와 마찬가지로 나이키는 제품 디자인과 마케팅만 미국에서 하고 생산은 베트남이나 인도네시아 등 저임금 국가에서 한다. 이 과정에서 생산공장이 노동자들에게 월급을 제때 지급하지 않거나 안전한 작업 환경을 제공하지 못하는 경우가 가끔 있었다. 나이키는 지난 20년 동안 열악한 환경을 제공하고 비인간적인 처우를 하는 공장들과 제휴를 맺어오면서 수많은 비난을 받았다. 제3세계 공장의 현실이 브랜드의 이미지에 큰 손실을 입혔다.

반면 한때 펑크룩의 완성이라 일컬어지던 스니커즈 컨버스는 환경을 생각하는 고객들 사이에서 더욱 인기가 높아졌다. 컨버스는 대부분 삼베, 유기농 면직물, 마로 만들고 바닥은 재활용 고무로 만든다. 컨버스는 미국의 온라인 신발 쇼핑몰 '자포스Zappos'의 친환경 신발 분야의 최고 인기 상품이었다.

이렇게 나이키와 컨버스는 사회적 책임이라는 부분에서 꽤 상반되는 이미지를 갖고 있었다. 하지만 2001년 컨버스가 파산하자 나이키는 곧바로 컨버스를 인수했다. 하지만 나이키는 브랜드까지 합병하지는 않았다. 고유한 브랜드를 그대로 유지함으로써, 컨버스의 친환경 이미지를 극대화했다. 컨버스가 누비는 시장은 나이키가 넘볼 수 없는 영역이었다.

고급 패션브랜드 아르마니도 동기는 다르지만 이와 비슷한 방법을 택했다. 인구학적 관점으로 시장을 세분화해서 여러 브랜드를 만들어냈다. 고급정장용으로 조르지오아르마니, 일반정장용 아르마니 익스체인지, 젊은 고객용 XO를 각각 런칭했다.

구글도 마찬가지다. 검색엔진은 구글, 비디오채널은 유튜브, 운영체제는 안드로이드, 기기는 드로이드와 구글TV로 확장했다. 이들은 모두 유기적으로 연결되어 구글의 정보를 수집하고 분석하는 활용하는 핵심 분야들이다. 이들은 제각각 어떻게 핵심 경험을 다른 플랫폼과 미디어에 적용할 수 있는지 보여준다.

패키지 혁신의 함정

패키지 혁신은 3가지의 수익 혁신 접근법 중에서 가장 간단해 보인다. 어떤 기업이든 지체되거나 실패한 마케팅이나 패키지에 대한 아이디어를 가지고 있을 것이다. 개념적으로 제품패키지를 혁신하는 것은 명확하고 유리한 접근법처럼 보인다. 하지만 세 가지 수익 혁신 중에서 패키지 혁신이 가장 수행하기 어려울지도 모른다.

여러 가지 이유가 있겠지만, 가장 큰 이유는 타이밍이다. 대개 가치 통합이나 확장을 추구하는 기업은 이미 지나간 트렌드를 뒤따라가기 위해 노력한다. 현재 트렌드의 행동 패턴을 이해하지 못하면 정확한 고객세분화를 하지 못할 것이고 그렇게 되면 온갖 노력은 새로운 트렌드로 혼잡한 시장의 소음 속으로 사라지고 말 것이다. 시장에서 움직임이 포착되는 순간, 이미 소비자들은 다른 곳으로 몰려간다. 수익을 얻을 수 있는 기회가 통과하는 길목에서 타이밍을 잡기란 결코 쉽지 않다.

새로 나온 제품이 출시되면 사람들은 구매를 할지 말지 고민한다. 패키지 혁신도 마찬가지로 그러한 위험이 있기 때문에 소비자의 반응을 재빨리 이해하고 대응해야 한다. 이러한 현실적인 이유에서 부분화가 나오고 매력적인 매시업이 나오기도 하는 것이다. 부분화나 매시업은 이미 나와 있는 상품을 가지고 새로운 고객집단을 위해 재조립만하기만 하면 되는 것이다.

패키지 혁신의 또 다른 문제는 이러한 혁신을 하기 위해서 종종 새로운 기술이 필요하거나 친숙하지 않은 시장에 뛰어들기도 해야 한다는 것이다. 특히 가치 통합이나 가치 확장의 경우, 새로운 패키지와 가치 제안이 기업의 문화와 잘 맞지 않을 수도 있다. 제조업에서 서비스업으로 성공적으로 이동하는 기업은 드물다. 제조업은 관계보다는 거래에 익숙하고 장기적인 고객유치를 위한 적절한 보상구조도 거의 없다. 베스트바이가 서비스산업에서 성공할 수 있었던 것은 다른 서비스업체를 인수합병했기 때문이었다. 물론 긱스쿼드를 인수하여 브랜드를 그대로 살려놓은 것도 눈여겨볼 대목이다.

부분화 비즈니스는 운영적인 문제에서 쉽게 난관에 부딪칠 수 있다. 부분 가격은 전체 가격보다 낮게 책정될 것이며, 소액결재를 위한 과정도 개발해야 한다. 또한 한 번에 많은 돈을 벌 수 있는 매출의 비중보다 무수히 많은 소규모 매출을 체계적으로 관리할 줄 알아야 하고 그러한 푼돈을 모으는 데 익숙해져야 한다.

패키지 혁신으로 인해 일어날 수 있는 세 번째 문제는 부분화되었거나 매시업된 상품을 제대로 관리하는 일이 어렵다는 것이다. 수익이 이미 크게 줄어든 음반회사들은 매시업을 수용하기에는 이미 너무 늦어버렸다. 광고는 대개 여기저기서 따온 음원을 혼합하여 사용한다. 다양한 트랙에서 몇 곡을 따오기 때문에 그러한 음원 사용에 대한 큰 수익을 확보하기가 어렵다. 이러한 상황에서 수익에 대한 전망은 사라지고 음반회사의 가치는 크게 떨어졌다.

콘텐츠를 원하는 대로 재창조하고 통제하고 싶어 하는 고객은 앞으로도 계속 있을 것이다. 이들은 음악, 비디오, 게임, 정보 등의 콘텐츠를 소유주의 허락 없이(또는 허락을 받아) 콘텐츠를 자르고 붙이고 리믹스할 방법을 찾는다. 음반회사는 이런 고객 때문에 수익에 피해를 입었다고만 생각할 게 아니라, 반대로 이들을 통해 수익을 창출할 방법을 생각해야 한다. 왜 이런 고객집단을 대상으로 수익화하려는 노력은 하지 않는가? 콘텐츠 소유주가 쉽게 보상을 받을 수 있는 서비스도 나오고 있다. 구글의 콘텐츠 ID에는 사용된 콘텐츠에 소유주의 ID가 바로 나타난다. 시간이 지나면서 디지털 권리문제를 관리하고 통제하는 문제는 해결될 것이다.

패키지 혁신의 교훈

패키지 혁신에서 이미 일어났던 문제와 앞으로 다가올 것으로 예측되는 일들은 제품이 가야 할 방향에 대해 고민하는 기업에게 몇 가지 교훈을 준다.

첫 번째, 트렌드 속으로 미리 뛰어들라는 것이다. 트렌드를 헤치고 나가는 첫 번째 주자가 될 필요는 없지만 빠르게 반응해야 한다. 디지털제품의 수명은 짧다. 몇 달, 길어야 몇 년이다. 벨소리처럼 시장에 출시되었다가 물러날 때까지 채 십년이 걸리지 않는다.

두 번째, 빠른 대응으로 행동 기반 세분화에 대한 정확한 판단을 내려야 한다. 그렇게 하면 다른 세분화 집단을 위한 새로운 패키지와 가치를 위한 적합한 가격 모델을 만들어낼 수 있다. 이론적으로 20초의 음원은 0.5달러도 되지 않지만 젊은 고객층은 벨소리로 만들어진 20초 음원에 기꺼이 2달러를 지불한다. 물론, 판매자는 대담하게 2달러를 기준가격으로 세웠고, 고객도 비슷하게 기대했기 때문에 성공했다.

세 번째, 엄청난 위험과 불확실성 속에서 마음을 편하게 갖는 것이다. 부분으로 제품을 쪼개면 원래 의도하지 않았던 방식으로 사용될 수도 있다. 오히려 자신에게 불리한 방식으로 사용되는 모습을 볼 수도 있다.

나이키가 신발 제작의 부분화를 시도했을 때를 생각해보라. 나이키는 2000년에 고객들이 자신만의 운동화를 만들 수 있는 맞춤서비스를 지원하는 웹사이트를 만들었다. 핫핑크 고무바닥에 은색 스위시를 붙이는 등 고객들은 자신의 개성을 뽐내며 서비스를 이용했다. 하지만 MIT에 재학하던 조나 페레티^{Jonah Peretti}는 나이키 스니커즈 발등에 '노동력 착취'라는 문구를 새겨 넣어 나이키의 비인간적인 행태에 대한 대중적인 비판을 부추겼다.[12] 나이키는 개인화 서비스를 통해 오히려 브랜드의 이미지를 실추시키고 말았다.

하지만 이처럼 전체가 아닌 부분을 선호하는 고객을 확보함으로써 새로운 수익을 만들어낼 수 있는 가치는 부정하기 힘들다. 사회운동가들과 같은 사람들도 자신의 목적을 위해 당신의 제품을 활용할 것이고, 거기에서도 당신은 새로운 혁신의 기회를 발견할 수 있

을 것이다.[13]

네 번째, 당연한 교훈이지만 자신이 만드는 제품이 무엇인지, 경쟁자가 누구인지 모호한 상황에 익숙해져야 한다. 10년 전, 베스트바이의 주요 경쟁자는 서킷시티, 컴프USA^{CompUSA}, 월마트와 같은 전자제품 소매점이었다. 하지만 지금은 소형기기 분야에서는 AT&T와, DVD시장에서는 타임워너케이블과 경쟁하고 있다. 2010년에는 노트북을 출시함으로써 시장에서 베스트바이의 위치는 다시 한 번 변했다.

연관성 있는 가치는 디지털 공간에서 시장과 제품에 따라 지속적으로 변하고 있다. 가격 파괴나 가치 변화를 위해 싸우는 방법은 더욱 유동적으로 변화했다. 음반회사는 물리적인 레코드만 상품으로 보았다. 하지만 이제는 개별 음원이 모두 상품이 되었고 심지어 콘서트와 음악 관련 상품에서도 모두 수익을 창출하고 있다. 제품이나 시장을 근시안적으로 보지 않는다면, 수익을 확장할 수 있는 더 많은 기회를 찾을 수 있다.

물론 제휴나 인수합병이 최고의 기회를 가져다 주기도 한다. 따라서 다섯 번째 교훈은 협동을 받아들이라는 것이다. 베스트바이는 내부적으로 기술을 개발하지 않고도 서비스 능력을 발전시킬 수 있는 기회를 찾았다. 디즈니는 애플의 소매 경험을 통해 자신들의 목적을 이룰 기회를 찾았다. 오늘날 디지털시대는 콘텐츠, 기기, 서비스가 모두 결합된 상품을 만들어 내고 있다. 서로 각기 다른 퍼즐 조각을 가지고 있는 기업들을 연결하는 것은 매우 중요하다. 이 말은 이러한 연결이 쉽게 만들어진다는 뜻이 아니다. '우리 제품과는 상관없다'라는 고정관념이 아직도 수많은 기업에 만연해 있다. 디지털 혁명의 시대에 이러한 사고는 매우 위험하다. 자신의 전문 기술이 어느 분야에 속한 것인지, 자신의 도움이 필요한 곳이 어디인지 정확히 알면 패키지 혁신을 더욱 빠르게 효과적으로 이룰 수 있다.

　[표 5-1]은 패키지 혁신의 핵심 내용을 정리한 것이다. 효과적인 패키지 혁신을 실행하기 위해서는 자신이 만드는 제품과 부품이 무엇인지, 어디에 가치를 더할 수 있는지 포괄적으로 이해해야 한다. 패키지 혁신을 계획하기 전에 다음 질문에 대답해보기 바란다.

〔표 5-1〕

패키지 혁신 요약

모델	전통적인 형태	혁신	디지털시대의 예
부분화	소프트웨어 '묶음'처럼 정해진 부품을 고객이 조립한다.	상품이나 내적 자원을 분할해 다른 고객층이나 다른 사용법을 위해 다른 형태로 만들어 수익을 낸다. 매시업으로 재정립하기도 한다.	• 벨소리 • 비디오게임 '크리에이터' • 아마존 '원클릭' • 베슬트랙커
가치 통합	제품 구조 안에 서비스를 추가한다. 예를 들면 단순히 판매하는 것을 넘어 대여하거나 사용권을 팔아 라이선스 수익을 얻는다.	같은 가치사슬 안에서 기회를 확장하거나 유지한다. 상품을 서비스로, 또는 서비스를 상품으로 변환한다.	• 인터페이스 카펫 대여 • 창조적/분석적 광고 판매 • 네스프레소
가치 확대	마사 스튜어트와 같은 '유명인'의 지명도를 활용하여 동종업계로 브랜드를 넓혀 간다.	수요에 맞게 설계된 브랜드와 행동 기반 세분화층의 구매력을 동종업계로 넓혀간다.	• 타이라 뱅크스 • 나이키와 컨버스

전략

- 고객들이 당신의 제품을 어떻게 사용하는가? 당신이 의도한 대로 사용하고 있는가?
- 당신은 어떤 산업에 종사하고 있는가? 3~5년 후에는 어느 산업에 있기를 원하는가?
- 제휴를 준비하고 있는가? 아니면 콘텐츠, 하드웨어, 소프트웨어, 서비스를 통합해 패키지 혁신을 만들어 낼 수 있는가?

구조

- 고객의 행동이나 제품 사용법에 대한 트렌드를 파악하기 위한 분석 방법을 가지고 있는가?
- 부분화, 매시업, 가치 통합, 가치 확장에 유연한 구조인가?

운영

- 물리적인 제품 위주의 문화 속에서 서비스를 추가할 수 있을 만한(또는 서비스에 제품을 추가할 수 있을 만한) 조직으로 진화하고 있는가?
- 어떤 제휴를 통해 고객에게 새로운 가치를 전달할 것인가?

launching innovation

Not for Free

Saul J. Berman

5

혁신을
시작하기
전에

혁신을 시작하기 전에

2009년 4월 심상치 않아 보이는 기계가 런던의 유명 서점 한 모퉁이에 나타났다. 에스프레소북머신이라는, 말 그대로 책을 만드는 기계이다. 복사기이자 디지털프린터이기도 하고, 인쇄기이기도 한 에스프레소북머신은 고객들이 수백 권의 책 중 하나를 선택하면 몇 분 안에 출력해 책으로 만들어준다.

20년 전에 읽었던 기억조차 가물가물한 소설을 찾고 있는가? 에스프레소가 만들어줄 것이다. 에스프레소북머신에는 최근 베스트셀러가 없다. 베스트셀러는 어느 서점에나 다 꽂혀 있다. 에스프레소북머신이 빛을 발하는 영역은 출판의 롱테일시장이다. 구하기 어렵거나 절판되거나 수요가 적은 책에 새로운 생명을 불어넣어준다.

에스프레소북머신을 만든 온디맨드북스^{On Demand Books}는 이 기계를 10만 달러 정도에 판매하고 있다. 지금까지의 주요 고객은 대학, 대형서점, 도서관이었다. 이들은 어떤 책이라도 구할 수 있다는 상징성을 보여주기 위해서 이 기계를 들여놓았다. 이집트의 알렉산드리아도서관과 뉴욕공립도서관 같은 곳에도 이 기계가 설치되었다. 에스프레소북머신은 또한 자가출판분야에도 적합하다. 석사논문이라

든지 소규모 기업판촉물, 연간리포트, 육아일기를 금방 찍어낼 수 있다. 심지어는 '미국소설명작선'도 USB만 꽂으면 바로 인쇄해 몇 권의 책으로 뚝딱 만들어낸다.[1] 에스프레소북머신은 제록스와 제휴를 맺어 유통과 판매를 시작해 이미 서점과 도서관에 30대 이상이 설치되었다.

가지고 있는 것에 뭔가를 더하라

에스프레소북머신은 언뜻 보면 너무나 가망성이 없어 보이기 때문에 지금 더 많은 관심을 받고 있다. 전자책의 생태계를 통제하는 애플과 아마존의 전쟁이 출판계의 가장 큰 이슈인 지금, 대중들이 잘 찾지도 않는 책을 물리적인 종이뭉치로 만들어준다는 에스프레소북머신은 시대착오적인 사업처럼 보일 수 있다. 하지만 전자책의 시대가 도래했음에도 여전히 많은 독자들이 종이로 된 책을 사고 있다. 그런 독자들과 종이책을 판매하는 소매상인과, 재고로 공간 운용의 한계에 직면한 아마존에게, 에스프레소북머신은 혁신적 대안이 아닐 수 없다. 그렇다면 수백만 독자에게 다가갈 수 있는 가장 좋은 방법은 무엇일까? 독자들은 어떤 행동 패턴을 보일까? 독자의 마음을 움직일 수 있는 가격 모델, 지불 모델, 패키지 모델은 무엇일까?

에스프레소북머신과 같은 혁신적인 상품이 시장에 파고드는 전략에 대한 문제는 미디어와 미디어 이외의 산업에 종사하는 사람들에게 친숙할 것이다. 다시 말해 성장 기회는 혁신에 있다는 것을 알지만, 기술의 변화는 고객 집단에 따라 다르게 나타난다. 또한 기존의 상품에서도 수익이 계속 발생하고 있기 때문에 변화가 일어나는 것을 달가워하지 않는다. 성공적인 혁신이란 미래의 수익은 물론 현재의 수익 측면에서도 적절한 비율로 최대한 수익을 이끌어 낼 수 있어야 한다.

이 책의 서문에서 다른 비즈니스 모델의 혁신적인 접근법에 비해 수익 혁신이 갖는 장점 중 하나는 새로운 수익원을 찾는 것이 아니라 상품, 고객, 고객과의 관계, 역량, 브랜드, 연구자료, 내적인 지식을 포함한 기존의 자산에서 새로운 수익원을 찾는 것이라고 말했다. 그렇다면 수익 혁신을 위해 가격 혁신, 지불자 혁신, 패키지 혁신을 과연 어디서부터 시작해야 하는가? 수익 혁신의 세 가지 방법 중 한 가지에 집중할 것인가, 아니면 세 가지를 동시에 진행할 것인가? 특정한 산업, 또는 특정한 고객층에 더 잘 작용하는 접근법이 있을까?

수익 혁신을 시작할 때 방향을 잡아줄 몇 가지 조언들이 있다. 특히 새로운 수익에 접근하기 위한 혁신의 과정에는 네 단계가 있다.

첫째, 현재의 고객, 또는 미래에 고객으로 삼고자 하는 사람들을 행동에 기반하여 고객집단을 세분화한다.

둘째, 가격 혁신, 지불자 혁신, 패키지 혁신의 세 모델을 이용해 자신이 종사하는 산업의 일반적인 접근법이 무엇인지 파악하고, 세 가지 혁신 중 무엇이 수익 혁신으로 이어질지 평가한다.

셋째, 실험한다.

넷째, 이 전 과정을 반복한다.

성공적인 혁신에 영향을 미칠 디지털 고객의 태도는 무엇일까? 수익 혁신은 어디에서 왜 발생하는 것일까? 기업들은 여기에서 어디로 가야 하는가? 수익 혁신의 방법을 어떻게 혼합하고 교차해서 사용해야 하는가? 성공적인 접근법에는 어떤 공통점이 있을까? 이 질문에 대한 답을 여기서 해보고자 한다.

또한 혁신을 완수하기 위한 질문이 있다. 변하지 않는 기업은 없다. 관성은 우주에서 가장 강력한 힘이기 때문에 파산이 눈 앞에 닥친 상황에서도 혁신을 실행하기는 매우 힘들다. 이 책이 혁신의 방법을 설명하는 책은 아니지만, 그동안 보아왔던 혁신에 대한 접근법에 대한 간략한 감상과 엄청난 성공의 기회를 가져다 주는 혁신의 기회를 어떻게 잡을 수 있는지 설명한다.

혁신과 고객세분화

수익 창출을 위한 전략을 짜기 위해 클라이언트와 함께 일을 할 때면, 나는 그들에게 현재의 고객, 그리고 미래에 고객으로 삼고자 하는 사람들을 행동에 기반하여 세분화하라고 먼저 충고한다. 그래야 가치사슬 전반에서 기회를 찾아낼 수 있기 때문이다. 기존의 고객은 좋건 나쁘건 당신이 시도하는 새로운 수익원을 지지할 것이다.

기존 고객과 기존 수익원이 현재 비즈니스에서 중요한 자리를 차지하고 있으므로 현재의 접근법을 고수하며 고객세분화와 행동분석을 하지 않아도 된다는 말은 아니다. 목표는 고객을 인구통계학적, 사회심리학적으로만 보는 것이 아니라 행동분석적으로 세분화해야 하는 것임을 명심하라. 고객들이 소비하는 양은 얼마나 되는가? 얼마나 자주, 어떤 식으로 사용하는가? 제품과 어떻게 상호작용하는가? 자신들의 경험을 보충하기 위해서 제품을 어떤 사용 방식으로, 어떤 정보를 덧붙여 어떻게 변형하는가?

이것은 한 번 만에 조사할 수 있는 것이 아니다. 세분화 집단의 행동이 어떻게 변화하는지 끊임없이 모니터해야 한다. 그렇지 않으면 기준을 잃고 혁신을 주도할 위험이 크다.

기준은 항상 움직인다. 클레이튼 크리스텐슨은 『혁신기업의 딜레마와 혁신기업의 해법(The Innovator's Delemma and The Innovator's Solution)』에서 이와 같은 문제를 이야기한 바 있다.[2] 행동 기반 접근법이 한 번 성공했을지라도 시장이 바뀌면 이전의 방식은 오히려 방해를 받게 된다. 이미 바뀐 고객들을 예전 정보를 바탕으로 접근하기 때문에 실수를 범할 수 있다.

소셜미디어 웹사이트 페이스북과 트위터를 적극활동층이 어떻게 디지털 놀이터로 활용하는지 생각해보라. 소셜미디어는 인구통계학적 세분화 측면에서 젊은 세대를 모두 회원으로 유치하는 것을 목표로 한다. 그러나 페이스북 사용자는 35세에서 45세 사이의 여성이 주를 이루고 55세 이상이 전체 회원의 10퍼센트 이상 차지한다.[3] 더욱이 적극활동층은 다른 소셜미디어에 비해 트위터에서 활발하게 활동하지 않는다. 오히려 적극수용층보다 더 적게 사용한다. 페이스북과 트위터야말로 본질적으로 적극활동층의 활동 무대에서 진화한 플랫폼이 분명함에도 불구하고 말이다.

놀라운가? 많은 사람들이 내가 이런 이야기를 하면 놀란다. 적극활동층은 변하지 않는다고 생각하기 때문에 놀라는 것이다. 현실에서 적극활동층의 1세대는 이미 적극수용층과 수동다수층의 나이가 되었다. 수동다수층의 행동 또한 변하고 있다. 시장조사 전문기관인 퓨 리서치Pew Research Center에 따르면 최근 미국인 중 70퍼센트가 인터넷을 통해 주요 뉴스를 접한다고 한다.[4] 성인 중 40퍼센트 이상이 스마트폰으로 인터넷, 이메일, 채팅을 한다. 우리 할머니가 아직 살아계신다면 아이폰으로 이메일을 확인할지 모르겠다. 유튜브는 특히 수동다수층으로 옮겨 가려는 사람들을 위해 관련 동영상을 자동으로 연속재생해주는 린백(Leanback) 기능을 추가했다. 이로써 수동다수층은 TV를 보듯이 컴퓨터를 보기 시작했다.

'공짜'라는 가치에 대한 고객들의 태도는 혁신의 과정 과정 중 고객을 분석하는 단계에서 생각해볼 수 있다. 그 어떤 것도 당연하게 받아들이지 말라. 2010년 「IBM 디지털고객설문조사」 결과를 보면 고객들의 지불 의지는 흔히 예상하듯이 세분화 고객집단과 딱 맞게 떨어지지 않는다.[5] 적극수용층은 다른 고객층보다 지불할 의사를 더 강하게 가지고 있는 듯이 보이지만 수동다수층은 지불 의사가 가장 낮다. 그도 그럴 것이 수동다수층은 공짜 라디오와 텔레비전 방송을 듣고 보면서 자란 세대이기 때문이다. 이상하게도 적극활동층이 수동다수층보다 콘텐츠를 유료로 받아 보는 경우가 많다. 아마도 적극활동층은 유료 시청제에 익숙하기 때문일 것이다(물론 우회할 방법도 곧잘 찾아낸다).

하지만 이러한 데이터가 전체적인 그림을 보여주지 않는다는 것을 명심하라. 혼자 조사해서 내리는 결론은 위험하다. 고객이 콘텐츠에 대가를 지불하지 않겠다고 말하는 것은, 지불하고 싶지 않다는 뜻이지 지불하지 않겠다는 뜻이 아니다. 지불 방법을 간단하게 만들면 얼마든지 고객의 행동은 바뀔 수 있다. 온라인 콘텐츠에 비용을 지불하기를 꺼리는 사람들 중 20퍼센트 정도는 단순히 지불 방법이 귀찮기 때문이다. 온라인 지불 방법을 쉽게 만들면 더 많은 고객이 지갑을 기꺼이 열 것이다.

고객 기반에서 기회를 찾으려고 했던 미디어산업은 우리가 첫 단계에 무엇을 하지 말아야 하는지를 잘 알려준다. 간단히 말하면, 세분화 고객집단이 지금 무엇을 하고 있는지를 보지 말라는 것이다.

대신 그들이 원하는 것과 미래에 하고 싶어 하는 것에 집중하라. 가치사슬이 어디에 있는지를 보지 말고 가치가 어디로 움직이는지, 옮겨진 가치사슬에서 어떤 역할을 할 수 있을지를 생각하라.

미디어산업의 거물들은 보통 새로운 수익원을 혁신하기보다는 기존의 고객층에서 나오는 손실을 막기 위해 많은 자원을 사용한다. 결과적으로, 대부분 전통적인 미디어기업의 디지털 혁신은 수익 혁신에서 시작하지 않는다. 기존의 콘텐츠를 다른 플랫폼으로 옮기는 것은 혁신이 아니다. 그럼에도 불구하고 이런 접근법은 훌루, 뉴욕타임스, 콤캐스트의 TV에브리웨어 등을 통해 이미 증명되었듯 현직 종사자들 사이에서 인기를 끌고 있다. 훌루는 분명 대중을 끌어모은 성공적인 사례이다. 하지만 훌루의 주요 상품은 가치사슬에서 똑같은 지점, 똑같은 지불자, 똑같은 제품일 뿐이다. 훌루는 적극활동층과 적극수용층에 진정으로 다가가는 실험을 꺼려했다. 심지어 훌루의 새로운 구독 모델조차 가격 혁신에 소극적으로 접근하고 있다. 무료와 유료 콘텐츠를 일부러 뒤섞은 듯 보이고 구독료는 혼란스럽게 설정했다.

대조적으로 미디어산업에서 나타난 실직적인 혁신은 대부분 새로운 진입자나 같은 가치사슬에서 주도권을 쥐고 있는 선두에서 나온다. 혁신이 오랫동안 성공적으로 이어지면 전통적인 경제 모델을 충분히 능가할 수 있다. 비디오대여산업의 레드박스, 음반산업의 스포티파이, 전자책시장의 아마존 킨들, TV의 구글TV, 신문광고의 크레이그리스트가 그 예이다.

현재 기업에 종사하는 사람들은 왜 그렇게 기존의 고객과 기존의 수익 모델 외에 다른 것을 떠올리는 데 어려움을 겪을까? 그들은 이미 제휴 관계를 구축해놓은 상태이고 자신이 지속적으로 만족시켜주고 관리할 고객 기반도 구축해놓았기 때문이다. 게다가 고객은 공짜가 아니면 움직이지 않기 때문에 디지털 서비스로 전환해봤자 수익을 창출하지 못할 것이라고 두려워 한다. IBM의 2010년 「IBM 디지털고객설문조사」는 이에 대한 진실과 거짓을 보여준다.

여기서 가장 중요한 교훈은 끊임없이 바뀌는 역동성이다. 역동성이란 고객이 정말로 무엇을 하고 있는지 정밀하게 관찰할 때 파악할 수 있는 것이지 나이, 성별, 정치적 성향 등으로 파악되지 않는다. 세분화는 고객과 시장과 함께 진화한다. 그들의 진화에 맞춰 적응해 나가야 한다.

혁신의 기회

콘텐츠나 광고 상품에 돈을 쓰는 것은 공급자에 의해 길들여진 습관 때문일 수도 있고 타고난 성향 때문일 수도 있다. 이러한 고객들

---

*www.craigslist.org, 미국의 커뮤니티 사이트. 사용자들의 관심 키워드를 중심으로 카테고리를 분류하고 각종 생활정보를 공유하는 사이트로 기존의 웹서비스에 비해 사용자 중심으로 더 진화되었다고 평가 받는다.

에게서 이끌어낼 수 있는 자연스러운 결론은 미디어기업이 광고, 스폰서, PPL을 디지털 공간의 유료 모델보다 더 많이 채택하고 있다는 사실이다. 사실상 그런 일들이 벌어지고 있다. 가격 혁신과 패키지 혁신이 차지하는 비율은 크지 않다. 하지만 그럼에도 벨소리나 아이폰 앱에서 볼 수 있듯이 성공으로 이어지기도 한다.

수익 혁신은 대부분의 경우 개별적이고 독립적인 결과를 초래한다. 기업은 광고를 내보내고 반응을 살피기도 한다. 패키지 혁신을 시도해보기도 하고 시간을 두고 기다리기도 한다. 지금까지 수익 혁신이 많지 않았고, 시도한다고 하더라도 수익 혁신 접근법을 혼합하거나 특정한 사용자 고객층을 위한 새로운 수익 모델을 구조화하는 정도에 그쳤다. 독립적인 접근법은 일시적이다. 개별적인 수익 혁신이 편하게 받아들여지면, 동등하거나 보완적인 노력을 추가할 수 있는 기회가 보일 것이다. 2010년에 우리는 이미 가격 혁신이 엄청나게 증가한 것을 목격했다. 혁신 중에서 가장 어려운 패키지 혁신도 앞으로 증가하겠지만, 그래도 여전히 많은 부분을 차지하지는 않을 것이다.

지불자 혁신의 상황

정보산업 분야는 디지털 수익 모델을 위한 첫 번째 단계로 광고에 관심을 가졌다. 출판미디어업계는 대부분 유료 구독을 없애고 광고에 의지하여 디지털 왕국을 건설하려고 했다. 「파이낸셜타임스」, 「월스트리트저널」, 「이코노미스트」, 「뉴욕타임스」와 같은 예외적인 방침을 고수하던 기업들은 일찍이 지치고 말았다. 2009년 디지털미디어를 통해 벌어들인 총 수익의 62퍼센트는 광고에서 나왔다. 아날로그 제품이 40퍼센트를 차지한 것을 고려하면 광고 수익의 비중이 높다는 것을 알 수 있다.

광고 수익의 한 단면만 보자면 3장에서 설명한 지불자 혁신의 정의를 모두 충족하고 있기 때문에 진정한 지불자 혁신으로 여겨질 수도 있다. 그러나 광고나 스폰서 모델을 지불자 혁신으로 이끌기 위해서는 첫째, 광고나 스폰서의 전통을 가지고 있지 않은 산업에 적용해야 하고, 둘째, 목표를 분명하게 세우고 통합적인 방법을 적용해야 하며, 셋째, 새로 형성되었거나 자리 잡는 중인 산업에 적용해야 한다. 3장에서 설명한 혁신은 대부분 전통적인 미디어 선구자보다는 소프트웨어, 검색, 휴대전화와 같은 정보통신 분야에서 더 많이 나왔다는 것을 기억하라.

세 가지 수익 혁신 접근법 중에서 오늘날 지불자 혁신이 가장 큰 비중을 차지하는 것은 일시적인 현상이며 정보통신 분야 이외의 산업에서는 상황이 전혀 다를 수 있다. 추가적인 수익을 올리기 위한 월마트의 광고는 특별한 사례로 남을 것이다. IBM의 전망에 따르면 전통적인 광고에 의한 수익률은 4퍼센트가 감소해 2013년이 되면 전체의 58퍼센트로 떨어지고, 시간이 지나면서 이러한 흐름은 계속

될 것이다. 이는 광고 자체가 감소한다는 말은 아니다. 디지털시장이 커짐에 따라 전통적인 광고의 비중이 줄어든다는 뜻이다. 하지만 살아남는 광고는 더욱 목표층이 확실해지며 연관성이 강화되며 비전통적인 시장에서 더욱 혁신적이 될 것이다. 고객이 광고의 연관성을 기대하기 때문에 그렇게 해야 한다. 목표고객에 초점을 맞춘 마케팅 기술력은 계속 발전할 것이다. 시간이 지남에 따라 가격과 패키지 혁신은 더욱 중요해지고, 지불 모델과 훨씬 자주 공존하게 될 것이다.

가격의 상승

가격 혁신은 2010년 이후 기업 혁신의 일반적인 접근법이 되었다. 앞으로도 그 인기몰이는 계속될 것이다. 지금까지 지불자 혁신과 가격 혁신을 시도한 사례를 보면 폐쇄적으로 기업 당 한 가지 혁신만 사용하는 경우가 많았다. 그러나 많은 기업이 대안적인 가격을 실험하고 있으므로 앞으로 많이 바뀔 것이다. 대부분 가격 혁신은 추가적인 방법이지 대안적인 접근법이 되지는 않을 것이다. 신문과 텔레비전에 남아 있는 지불 모델은 광고와 구독제 또는 가격종량제의 두 가지 측면을 모두 활용할 것이다. 훌루, 「뉴욕타임스」, 「타임스」가 이러한 접근법을 채택하고 있다.

디지털TV, 음악, 고객기술, 금융서비스는 요금제 세분화 또는 다른 가치 있는 혁신으로 가격 혁신과 지불자 혁신을 지원할 것이다. 이러한 산업은 대중적인 시장을 고객으로 가지고 있으며, 목표고객층의 지불 의사에 대한 극단적인 변화를 겪었고, 또한 의미 있는 경쟁을 하고 있다. 이와 비슷한 특성을 가진 산업에게는 가격 혁신의 교훈이 될 수 있을 것이다.

그동안 많은 산업에서 가격 실험을 거부해왔기 때문에 가격 혁신은 오랫동안 미뤄져왔다. 이 글을 쓰고 있는 지금에서야 광고에 의존하는 디지털 모델을 가진 미디어기업은 가격 혁신을 선언하거나 실행하고 있다. 유명세는 있지만 그래도 고군분투하는 「뉴욕타임스」, 「타임」, 「타임스」와 같은 신문사들은 2011년까지 모두 유료화된다. 훌루는 2010년부터 구독 서비스를 시행했고, 스포티파이는 무료 서비스 부분의 신규 회원 가입을 중단했고 유료로 지불하는 고객에게만 바로 음악을 청취할 수 있도록 했다.

미디어 이외 산업에서의 가격 혁신은 의료보험과 기간산업의 접근법을 선호할 것이다. 제2장 가격 혁신 부분에서 가난한 지역의 주민을 위해 회원제 서비스를 제공하는 의료보험업체와 약의 성능에 따라 비용을 받는 제약회사에 관한 이야기를 했다. 세계적으로 건강관리에 대한 비용 상승 압박이 심해짐에 따라 더 많은 제약회사들이 정부의 규제를 준수하면서 새로운 수익원을 개발하기 위해 노력하고 있다. 스마트종량제 기술은 고객과 기간산업에 전기 사용량을 정확하게 측정하여 제공함으로써 성수기와 비수기에 따라 가격을 유연하게 결정할 수 있는 기회를 제공한다.

가치사슬에서의 패키지 혁신

패키지 혁신은 세 가지 수익 혁신 중에서 가장 시행하기 어려워 결과적으로 가장 인기 없는 수익 혁신 접근법이 될 것이다. 때문에 가격 혁신의 절반 정도의 수준으로만 시행되리라 예상된다. 당신이 종사하는 시장이 경쟁이 치열하고 통합된 경험에 돈을 지불할 의사를 가진 고객층이 있다면 패키지 혁신의 기회가 있을지 모른다.

아마존 킨들과 애플 아이패드는 이미 진행되고 있는 패키지 혁신의 한 예라 할 수 있다. 광고는 미디어에 있어 전통적인 교차보조 모델이었지만 아마존이나 애플은 값비싼 기기를 팔기 위한 교차보조의 수단으로 콘텐츠를 사용한다. 하지만 아이패드와 킨들을 따라잡기 위한 경쟁 기기들이 시장에 나오면서 이들은 모두 수익에 대한 압력을 받게 될 것이다. 아마존은 지난해 킨들 가격을 약 40퍼센트 내렸다. TV는 PC와 경쟁하고, PC는 소형 전자기기와 경쟁을 하고, 소형 전자기기는 태블릿과 경쟁하면서 기업들은 콘텐츠를 더 많이 제공하기 위해 줄을 서고 있다. 월마트는 콤캐스트에, 구글은 휴렛 패커드에 맞서고 있다. 그러는 동안 세즈미, 질리온TV, 디지부Digiboo*

---

*보고 싶은 영화를 선택하고 결제만 하면 바로 USB 저장장치에 다운받을 수 있는 일종의 동영상 자판기 서비스업체.

와 같은 신규 진입자가 넘쳐나면서 경쟁은 더욱 복잡해진다. 이제 승자와 패자를 예상하는 일이나 경쟁에서 이기기 위한 적절한 반응을 찾아내기가 점점 어려워지고 있다.

패키지 혁신은 가격 혁신이나 지불자 혁신보다는 덜 일반적이겠지만 그래도 특정 분야에서는 우월성을 나타낼 것이다. 지난 10년 동안 B2B 소프트웨어는 묶음으로 판매할지 기능적으로 부분화할지, SaaS로 패키지화할지 고민하면서 패키지 혁신을 주도해왔다. 이러한 패키지 혁신을 통해 소프트웨어 공급자는 소프트웨어 플랫폼과 설치, 서버와 네트워크 관리, 사용자키, 소유권에 대한 총 비용 등 기본적인 것을 모두 관리한다. 금융서비스 역시 예금, 투자, 모기지론 등 보완적인 상품을 통합하기 위해서 노력해왔다.

기회를 적절히 살펴본 후 패키지 혁신이 자신의 산업에는 맞지 않다고 판단할지도 모른다. 그럼에도 불구하고 패키지 혁신은 당신이 속한 산업이 아닌 다른 곳에서 튀어나올 수 있다는 사실을 명심해야 한다. 케냐와 필리핀의 통신업체는 패키지 혁신을 통해 은행을 거치지 않고 모바일로 돈을 지불할 수 있도록 했다. 마이크로소프트는 포드에 싱크의 가치를 추가했고, 아마존은 그동안 소니가 독식하던 전자책시장의 우위를 박탈했다. 패키지 혁신에서는 자신의 산업에 속하지도 않던 요소들이 갑자기 모든 사람이 필요로 하던 바로 그것이 되어 나타날 수 있다.

어떤 산업의 패키지 혁신은 지불자나 가격 혁신을 수행한 후에만 가능하다. 가격 혁신과 지불자 혁신은 실행하기 쉽다. 하지만 시장은 대개 완전히 준비된 상태에서 진화된다. 가격 혁신은 거의 맨 처음 일어나는데 이를 통해 고객의 행동과 고객의 지불 용의에서 필요한 정보를 취합할 수 있다. 이러한 정보는 패키지 혁신에 도움이 될 것이다.

가령 기간산업을 보면 오랫동안 시장을 지배해왔던, 사용한 만큼만 지불하는 가격 모델에서 스마트종량제로로 옮겨 가면서 가격 혁신을 시행하고 있다. 기간산업과 고객은 사용법을 익히고 새로운 정보를 받아들이면서 이제 적응 단계에 진입했다. 모든 가전제품이 하나의 시스템으로 통제될 시기는 여전히 아직 멀었고 고객과 산업이 스마트한 정보에 대응할 때가 되어야 작동할 수 있을 것이다. 캘리포니아에서 시행된 스마트종량제를 일찍 사용해본 사람들의 첫 반응은 기간산업체를 고발하는 것이었다. 종량제의 측정법을 믿지 못했기 때문이다.

미국의 의료보험도제도도 가격 혁신에서 패키지 혁신으로 전환할 때 이와 같은 과정을 거칠 것이다. 건강 관리 비용에 대한 정부의 압박과 의료기록의 전산화로 인해 가격 변화를 시행하며 정보의 고급화에 노력할 것이다. 특정한 산업에서 더욱 강하게 작용해 다른 종류의 수익 혁신을 창출해내는 요인을 [표 6-1]에서 간단하게 정리해보았다.

수익 혁신의 교차산업 접근법

	지불자	가격	패키지

가치 제안	• 규모
	• 매력적인 틈새고객을
	  모으는 능력
		• 특별한 콘텐츠
		• 차별적 수용
		• 지불자 소비의
		  향상된 관계
			• 우월한 경험(편리함, 유연성,
			  통합, 기능성, 간편한 사용)

경쟁의 정도와 산업 구조	• 높다 • 편파적이다	• 높다	• 보통이다
산업	• 미디어 • 이벤트 관리/홍보 • 정보통신 • 고객기술 • 패키지된 상품의 소비자 • 소매점	• 미디어 • 정보와 검색 • 의료보험 • 기간산업 • 소매점	• 하드웨어와 기기제조업 • 소매점 • 정보 집계 • 소프트웨어 • 금융서비스

혁신의 실험

혁신은 결코 반듯한 일직선 길도 아니고 성공이 실패보다 우세하지도 않다. 애비 그리핀^{Abbie Griffin}은 실패한 신제품 중 85퍼센트는 시간이 지나면서 그 가치가 드러날 것이라고 주장했다.[6] 산업이나 목표고객층에 모든 기업이 일괄적으로 적용할 수 있는 표준화된 조합은 존재하지 않는다. 이상적인 조합을 찾는 단 하나의 방법은 다른 세분화 고객집단에 다른 모델로 적용해보는 것이다. 그리고 세분화 집단, 기술력, 경쟁자가 변하는 대로 새로운 실험을 빨리 실시해야 한다. 모든 것은 당신이 생각하는 것보다 훨씬 빠르게 변화한다.

에스프레소북머신의 사례는 생산적인 수익 혁신 경험이 무엇인지 밝혀내기 위해 당신의 자산과 고객에 대해서 생각해볼 귀중한 경험을 제공한다.

에스프레소북머신은 수요가 있으면 50만 개의 책 중에 어떤 것이라도 출판할 수 있다. 이는 전 세계의 애서가들에게 멋진 제안이 아닐 수 없다. 물리적인 책값은 지속적으로 떨어지고 있고, 고객이 원하는 대로 책을 만드는 1억 원짜리 기계는 당분간 시장의 핵심 부분을 차지하지는 못할 것처럼 보인다. 가령 진귀한 책이나 절판된 책을 만드는 것은 킨들이나 아이폰, 아이패드, 소니 리더로 책을 읽는 적극수용층을 위한 서비스는 아니다. 적극활동층도 마찬가지로 종이로 만든 책을 읽지 않는다. 아직도 활자화된 책을 즐겨 읽고, 절판된 책이나 평범하지 않은 책을 찾기 위해 한참을 기다려야 하는 데 지친, 책 욕심이 많은 수동다수층이 바로 에스프레소북머신의 주문형 출판에 꼭 맞는 고객층이다. 가격 면에서 손익분기점을 넘기려면 10달러짜리 책 1만 권을 팔아야 한다. 이는 기계 관리나 업그레이드에 들어가는 비용을 포함하지 않은 것이다. 출판시장의 롱테일이 작용할 수 있을 만큼 에스프레소북머신이 독자들의 흥미를 충분히 끌 수 있을까? 출판시장이 줄어들고 있는 가운데 전통적인 책 판매와 전통적인 독자를 뛰어넘어 에스프레소북머신을 현금화할 수 있는 방법이 있을까?

있을지도 모른다. 대학과 서점을 생각해보라. 잘 찾지 않는 책의 재고를 수백만 권씩 갖추고 있는 그들이, 주문형 출판 능력까지 겸비하면 수익 혁신의 기회를 제공할 수 있다. 주문형 출판이야말로 가장 적합한 패키지 혁신이며, 출력한 책의 가격을 미리 산정해놓을 필요도 없다. 유명세나 희귀함의 정도, 이미지를 텍스트화하는 비율 등에 따라 매우 다양한 가격을 매길 수 있다. 자주 사용하는 고객에게는 일정 금액을 미리 받고 일정량의 책을 인쇄할 수 있는 권한을 주는 정책을 사용할 수도 있다. 지불자 혁신도 마찬가지로 적용할 수 있다. 뉴욕공립도서관은 국가의 보조를 효율적으로 활용해서 후원자에게는 공짜로 책을 인쇄할 수 있도록 한다.

전통적인 대학이나 서점만이 에스프레소북머신이 독자들에게 다가갈 수 있는 유일한 통로가 아니다. 상업적인 가능성은 기업연보, 보고서, 연구보고서 등을 출력해야 하는 비즈니스시장에서 훨씬 크다. 맨 처음 베타 버전을 설치한 곳은 세계은행World Bank이다. 세계은행은 1년에 수천 종의 보고서와 출판물을 간행한다.

에스프레소북머신의 제조사인 온디맨드북스는 출판유통전문업체 라이트닝소스Lightning Source와 제휴함으로써 자가출판의 길을 열었다. 수천 개의 학위논문, 가족족보, 소규모 기업의 마케팅 자료, 방금 막 집필한 소설을 프린트해서 볼 수 있다. 또한 제록스와 위탁판매 계약을 맺고 페덱스오피스와 스테이플Staples과 같은 소매문구점에 에스프레소북머신을 설치하여 소규모 기업들이 직접 소량 출판 인쇄를 할 수 있도록 만들었다.

나는 온디맨드북스가 어떤 정책을 고려하고 있는지는 잘 모른다. 온디맨드북스의 수익 구조를 아무리 살펴봐도 에스프레소북머신은 수익 혁신이라기보다는 산업 혁신으로 보인다. 인쇄와 유통이 중심이던 시장에서 유통의 필요성을 사라지게 하고 분산 출판의 시장을 열어제치고 있기 때문이다. 온디맨드북스는 에스프레소북머신을 '책을 만드는 현금지급기'이라고 부르는데, 이는 너무 지나친 은유이다. 기업이 추구하고자 하는 혁신만 생각해본다면 혁신에 대한 접근법은 다양하며 서로 겹친다. 한정된 시간에 이룰 수 있는 가장 제대로 된 혁신은 고객이 어떤 사람들인지, 가치사슬의 어디쯤에 머무는지, 산업의 역동성은 어디쯤 와 있는지에 따라 적절하게 변화하는 혁신이다.

혁신의 조직화

이제 당신은 현재의 세분화된 고객집단은 물론 미래에 고객으로 삼고 싶은 사람들까지 세분화했을 것이다. 또한 자신이 가치사슬의 어디에 있는지, 가치가 어디로 나아갈지 파악했을 것이다. 어쩌면 당신의 기업에 알맞은 가격 혁신, 지불자 혁신, 패키지 혁신의 아이디어를 찾았을지도 모른다. 그렇다면 어떻게 해야 이러한 혁신을 머리가 아닌 현실에서 나타나게 할 수 있을까?

혁신을 준비하고 조직화하는 방법에 대해 알려주는 조직변화관리에 관한 책은 엄청나게 많다. 여기서는 그것을 재탕하거나 그러한 책들과 경쟁할 생각도 없다. 기존의 조직에서 디지털 사업을 구현하기 어렵다는 것은 닷컴시대에 수많은 사례를 통해 입증되었다. 그때 이후로 상황은 특별히 바뀌지 않았다. 그럼에도 많은 기업들이 여전히 같은 실수를 반복하고 있으며, 똑같은 문제에 반복적으로 직면한다. 따라서 혁신에 이바지할 수도 있고 방해가 될 수도 있는 네 가지 주제를 모니터해볼 필요가 있다. 그 네 가지란 조직, 역량, 복잡성, 매트릭스이다.

우선, 조직에 대해 알아보자. 새로운 혁신을 하고자 하는 많은 기업들이 새로운 사업을 창출하기 위해서 담당 부서를 별도로 만들어 내곤 한다. 그러나 이는 오히려 혁신에 장애가 된다. 그 이유는 그리스 신화에 나오는 크로노스처럼 강한 권력이 젊은이들을 잡아먹기 때문이다. 미디어산업에서 이러한 현상은 전통적인 사업이 새로운 사업을 질식시키는 결과로 나타난다. 영업사원들은 혁신적인 디지털제품을 판촉물로 줘버릴 것이다. 또 어떤 직원들은 기업의 재정 상황을 내세우며 새로운 노력을 불리하게 몰아세울 것이다. 기업은 별도의 조직을 만들어 새로운 산업의 독창성을 보호하고 키워 보려고 하지만, 이러한 독립성이 오히려 플랫폼의 통합과 일관성을 가로막고 '우리 대 그들(Us-Versus-them)'과 같은 대결적인 구도를 만들어 협동을 방해하고 고객을 좌절하게 한다. 혁신을 위한 별도의 부서를 만드는 것은 오히려 '혁신은 다른 나라 이야기이며 모두 나서서 해야 할 일은 아니'라는 메시지만 전달할 뿐이다.

두 번째, 혁신을 실행하는 데 필요한 역량을 고려해야 한다. 모든 기업이 혁신에 필요한 적절한 환경이나 재능을 가지고 있지는 않다. 판매 중심의 기업은 구독제를 만들고 계산할 회계 인력이 없다. 상품을 부품화하려면 높은 수익을 내는 상품을 조금 파는 체제에서 낮은 수익을 내는 상품을 많이 파는 체제로 바꾸어야 한다. 이로써 고객관계 관리, 재고 관리, 배송 등 여러 측면에서 조직을 혁신해야 하지만 그러한 조직적 역량이 없을 수 있다.

이러한 문제는 기업의 문화 수준과 충돌함으로써 나타날 수도 있다. 제품 중심 기업에서 서비스를 통해 추가적인 수익을 내는 기회를 발견한다 하더라도, 기존의 영업사원들은 아마도 재교육을 해야 할 것이다(물건을 잘 판다는 이유만으로 영업사원을 고용했다면 말이다). 하지만 기존의 직원들 모두 이러한 변화에 열정적으로 호응할 확률은 낮다. 앞에서 각 장의 마지막에 제시한 질문들을 가볍게 보아서는 안 된다. 성공이 분명한 혁신 프로젝트를 추진하더라도 이러한 기업의 역량 문제를 뒤늦게 인식하고 허둥대다가 결국 실패하고 마는 사례는 수없이 많기 때문이다.

세 번째, 새로운 프로그램을 개발할 때는 단순하게 만들어라. 애플의 아이튠즈가 성공할 수 있었던 한 가지 이유는 기기와 온라인 스토어가 아주 밀접하게 작동하도록 만들어졌기 때문이다. 반면에 많은 기업이 프로그램을 너무 어렵게 만들어서 혁신에 실패하고 있다. 오늘날 고객은 어떤 서비스나 기능을 쉽게 할 수 있는 대체재를 많이 가지고 있기 때문에 끈기를 가지고 당신을 기다려주지 않는다. 훌루는 불투명한 구독 프로그램으로 인해 상당히 어려움을 겪었다. 쉽게 만들라, 그러면 목표고객층은 덜 저항할 것이다.

마지막으로 혁신의 성공을 위한 기준을 정하라. 새로운 사업을 성공하는 판단 기준은 무엇인가? 고객의 수, 수익이나 마진, 아니면 이러한 것들의 총 증가율로 판단할 것인가? 새로운 혁신의 비용에 전통적인 사업비용까지 포함할 것인가 아니면 별도로 책정할 것인가? 미디어산업은 디지털상품이 전통적인 상품의 가치를 충족하는 것을 넘어 초과할 것이라고 기대했다. 이러한 접근법은 합당한가? 성공이나 실패를 확정하기까지 새로운 혁신에 얼마나 시간을 줄 것인가? 만일 훌루가 처음부터 유료로 시작했다면, 이용하는 사람이 있었을까? 이제 훌루는 고객층을 확보했으며 '손익분기점'을 넘었다. 전통적인 비즈니스 측면에서 보자면 콘텐츠로 벌어들이는 수익이 없다고 불평할 수 있다. 이러한 비용은 결국 전통적인 수익 모델에 모두 추가된다. 비용을 설명할 '정당한' 방법뿐만 아니라 유용한 방법을 고민하면 대안적인 수익 모델로 미래의 투자에 대한 합리적인 비즈니스 모델을 만들어 낼 수 있을 것이다.

가장 중요한 핵심은 이러한 결정을 사건이 일어난 후보다는 그 전에 적극적으로 해야 한다는 것이다. 혁신의 성공과 실패에 이러한 선택이 불가피하게 중요한 역할을 할 것이다. 그러나 이는 혁신 자체의 질이나 효율과는 전혀 관계가 없다. 장래성 있던 혁신이 회계의 결함으로 사라지거나, 항상 흑자였던 사업이 가격이 제대로 적용되지 않는 바람에 적자로 돌아선 사례가 무척 많기 때문이다. 간단히 말해 재정 관리 부문은 수익 혁신 팀의 일부가 되어야 한다.

미디어산업의 마지막 경고

미디어산업이 디지털시대에 적응하지 못한 사례는 수없이 많다. 미디어산업의 실수를 이야기하면서 고소하다고 생각한다든지, 얼마나 '그들'이 얼마나 어리석었는지 비판하는 일은 쉽다.

그렇게 근시안적 결정을 했던 경영진이 바보가 아니었다고 가정해보자. 그들은 분명 자신을 보호하는 유전자가 부족했던 것은 사실이다. 실제로 내가 만났던 그 누구도 미래의 수익창출 흐름에 관심을 보이지 않았다. 그들은 자신이 내리는 결정이 미디어산업에서는 최선이라고 믿고 있었다. 여기서 핵심은 '그들이 당신과 별반 다르지 않았다'는 점이다.

당신과 동료들이 미디어산업과 같은 실수를 하지 않을 것이라고 결코 장담해서는 안 된다. 기술적 변화, 시장의 변화, 또는 새로운 경쟁자가 나타나 예상치 못한 부분을 공격했을 때 어쩔 수 없었노라고 변명하지 마라. 수익창출 모델이 필요한 시점에 어디에서든 완벽하고 빠른 혁신 방법을 찾을 수 있다고 생각하지 마라. 문제를 해결할 수 있는 '충분한 시간'을 가지고 있다는 생각을 버려라.

이것은 미디어산업이 저질렀던 것과 똑같은 실수이다. 많은 미디어산업의 경영자들이 시간은 충분하다고 생각했고, 스스로 시장을 잘 읽는다고 생각했으며, '더 좋은' 아이디어와 선택 조건들이 나올 때까지 기다리면 된다고 생각했다. 그들은 기회를 등한시하면서 혁신적으로 수익을 창출하는 데 실패했고, 자신들이 만들어놓은 시장 세분화, 가격, 패키지에 갇혀 있었다. 그들이 어리석거나 안목이 없어서가 아니었다. 그들은 평범했기 때문이다.

쉽고 평범한 길로 가서는 수익창출 혁신을 위한 기회를 잡기는커녕 오히려 수익 모델을 위한 혁신을 하지 않을 이유만 잔뜩 찾게 된다. 평범해서는 안 된다. 쉬운 길로 가려고 하지 마라. 기회는 다시 오지 않고 시간은 가차 없이 흘러간다.

▍감사의 글

나는 지금까지 30년 동안 컨설턴트로 일해 왔다. 그래서 파워포인트에 넣을 문구를 쓰는 일에는 너무나 익숙하다. 마치 새로운 아이디어를 개발해내려면 브레인스토밍이 필요하고, 뭔가를 전달하려면 화술이 필요한 것처럼 말이다. 그러나 글을 쓰는 것은 매우 어려운 일이다. 사실 책을 쓰자는 생각을 했을 때 약간 겁이 났다. 이 책이 나올 수 있도록 나에게 용기를 주고 격려해준 많은 사람들에게 무한한 감사를 돌린다.

먼저 하버드비즈니스출판사의 첫 번째 편집자였던 크리스틴 샌드버그^{Kristen Sandberg}에게 감사의 말을 전한다. 그는 HBS 패널에서 사회를 보던 나를 문자 그대로 '재발견'해주었다. 크리스틴이 내 머릿속에 개념적으로만 있던 아이디어를 밖으로 끄집어내주었고, 나의 지식이 하나의 콘텐츠로 정리될 수 있도록 보완하고 이끌어주었기

242

에 이 책이 완성될 수 있다. 재클린 머피^{Jacqueline Murphy}는 원고를 교정하고 제대로 문장을 다듬어주어서 책이 완성되는 마지막 작업을 도와주었다. 마지막으로 저스틴 폭스^{Justin Fox}와 그의 팀에게도 감사를 전하고 싶다. 하버드비즈니스출판사의 편집장인 그는 이 프로젝트가 결말을 맺고 출간되도록 끝까지 도와주었다.

이 원고는 최고의 편집지원팀인 팀 오그던^{Tim Ogden}과 소나 파트너스^{Sonar Partners}의 로라 스타리타^{Laura Starita}가 없었더라면 완성되지 못했을 것이다. 그들은 나의 협력자였고, 책을 만드는 동안 영감을 주고 조언을 아끼지 않았다. 그들이 있었기에 출간 일정을 제대로 지킬 수 있었고, 또 나의 생각과 노하우가 어떻게 한 권의 책이 되는지 그 모든 과정을 전체적으로 알게 되었다.

이 책은 기본적으로 지난 몇 년 동안 IBM에서 미디어와 엔터테인먼트^{M&E, Media & Entertainment}의 전략팀 동료들과 발표했던 조사연구 내용을 바탕으로 이루어졌다. IBM에 있을 때 이 조사연구에 주요한 도움을 준 동료는 빌 바티노^{Bill Battino}였다. 그는 지난 14년 동안 내 동료 파트너였고 최근 M&E에서 나오는 출판물의 대부분을 공동으로 집필했다. 루이자 십넉^{Louisa Shipnuck}과 카렌 펠드맨^{Karen Feldman}은 리서치를 이끌어주었고 대부분의 공동 집필을 맡아주었다. 또한 카렌은 이 책을 위한 리서치를 개별적으로 개발하고 다듬어준 헌신적인 동료로서 오랫동안 내 옆을 지켜주었다. 에릭 마크^{Eric Mark}에게도 고마움을 전한다. 그는 미디어 조사를 할 때 노력을 아끼지 않았고, 이 책이 나오는 데 무엇보다 큰 공헌을 했다. 그 외에도 마이크 애쉬^{Mike} ^{Ash}, 나디아 레오넬리^{Nadia Leonelli}, 세스 밀러^{Seth Miller}에게도 감사의 마음을 전한다.

또한 스티브 아브라함^{Steve Abraham}뿐만 아니라 IBM M&E산업의 사장인 스티브 카네파^{Steve Canepa}와 그의 전임자 딕 앤더슨^{Dick Anderson}에게도 감사의 말을 전하고 싶다. 이 세 명은 우리의 연구활동을 스폰서해주었고 아이디어를 다듬어주고 영감을 주는 브레인스토밍에 큰 자극을 주었다.

IBM 비즈니스 리서치 그룹인 IBM 기업가치연구소^{IBV, IBM Institute for Business Value}는 기업 연구에 대한 모든 것을 후원해주었다. IBV의 연구소장이자 내 친한 친구인 피터 코르스텐^{Peter Koresten}은 아이디어를 제공하고 필요할 때마다 지원을 아끼지 않았다. 또한 연구의 틀을 완성해주고 커뮤니케이션 팀의 영향력을 발휘해준 IBV 커뮤니케이션의 대표인 에코우 넬슨^{Ekow Nelson}에게도 감사를 전한다.

이 책은 대체로 우리의 전략적인 실행조사를 바탕으로 만들어졌다. M&E의 경험을 통해 다른 산업의 실제 사례와 특징을 어느 정도 알고 있었기에 가능한 작업이었다. IBM 'CEO 연구'의 파트너들과, 지난 수십 년 동안 함께해 온 글로벌 리더십 팀에게 고맙게 생각한다. 마크 챕맨^{Mark Chapman}, 그레이스 쇼파드^{Grace Chopard}, 스티븐 데이빗슨^{Steven Davidson}, 라니에르 메흘^{Ranier Mehl}, 매트 포르타^{Matt Porta}, 에릭 리들버거^{Eric Riddleberger}, 미셸 블라슐러^{Michel Blasselaer}의 헌신에도 감사한다. 'CEO 연구'는 CEO가 가지는 직관력의 연관성을 밝혀내기 위해 지속되었는데, 'CEO 연구'의 프로그램 이사인 라그나 벨^{Ragna Bell}이 없었다면 유지되기 힘들었을 것이다. 그녀는 내가 꾸준히 연구를 지속할 수 있도록 지원해주었고 에드워드 기센^{Edward Giesen}, 에릭 리들버거와 함께 비즈니스 모델에 대한 IBM의 연구서를 공동으로 제작하기도 했다. 우리는 돌아가면서 론 프랭크^{Ron Frank}, 그레그 모리스^{Greg Morris}와 같은 비즈니스 리더에게 도움을 받았다. 전략팀에서 함께 일했고 나를 수 년 동안 이끌어주었던 데니스 아네트^{Denise Arnette}에게도 감사한다.

25년이 넘게 전략에 대한 컨설팅을 해오면서 나는 지난 30년 동안 출판업계에서 발생한 여러 문제들을 직접 보고 그것들을 일관성 있게 관찰, 연구할 수 있는 기회를 갖게 되었다. BCG의 전설적인 리더인 브루스 핸더슨^{Bruce Henderson}과 함께 인턴으로 근무하면서 나눈 토론 이슈들, 1980년대 자동화 클라이언트의 도전에 대한 기록, 1990년대 소매점과 미디어 클라이언트에 대한 조언에 이르기까지 내가 직접 실행하고 또 깨닫게 되는 그 교훈의 과정은 끊임이 없었다. 그리고 문제는 매 순간 바뀌었다. 나는 지금껏 내가 겪고 느끼고 배워 온 모든 것들에 대해 보람과 자부심을 느낀다.

IBM의 CEO와 COO, 그리고 나의 클라이언트이자 우리의 연구에 참가했던 전략 수립가들은 이번 연구개발이 성공적으로 마무리되는 데 지대한 공헌을 했다. 그들이 이 연구를 기업 현장에서 직접 시도해보며 보고 듣고 경험한 내용들은 이 책을 완성하는 데 매우 귀중한 자료가 되었다. 그들을 일일이 열거하기에는 너무 많고, 또 사전 허가 없이 실명을 언급하지 않는다고 약속을 했기 때문에 이름을 밝힐 수는 없지만 그 분들 모두에게 마음 속 깊이 우러나는 감사의 말을 전한다. 아무쪼록 이 연구와 시도가 그들의 사업적 성공에 기여할 수 있기를 바란다.

지금 현재 IBM에서 나를 이끌어주고 있는 아담 클래버Adam Klaber도 빠뜨릴 수 없다. 그와 짐 브라만테Jim Bramante는 나에게 IBM 글로벌 리더들을 이끌 수 있도록 큰 기회를 주었고, 내가 더 높은 단계로 올라갈 수 있도록 이끌어 주었다. 또한 내가 이 책을 완성할 수 있도록 환경적인 요건을 마련해주었다. 아담과 지니 로메티Ginni Rometty, 프랭크 컨Frank Kern은 이 일이 완성될 때까지 내 왕성한 호기심과 에너지를 끈기 있게 잘 견뎌주었다.

이 프로젝트는 광란의 속도를 유지했던 팀원들의 노력이 없었다면 완성되지 못했을 것이다. IBM에 있는 동안 나를 도와준 비서실의 마이클 크레이젠Michelle Craigen, 아니타 뒤포Anita Duffaut, 케비 존스Kevi Jones, 히데미 타카다-풀쳐Hidemi Takada-Fulcher는 계획에 차질이 생기지 않도록 많은 부분을 지원해주었다.

마지막으로 나를 지탱해준 가장 큰 원동력인 가족과 친구들에게 감사의 마음을 전한다. 내가 이 세상에 존재할 수 있게 해준 부모님은 내가 모든 일에 탐구하는 사람이 되도록 이끌어주셨으며, 원하는 것은 무엇이든 이룰 수 있다는 믿음을 갖게 해주셨다. 사랑하는 아내 잰^{Jann}은 내가 하는 일이라면 언제든 기꺼이 시간을 희생해주었으며 아직도 변함없는 믿음과 지원을 보내주고 있다. 그녀의 지칠 줄 모르는 열정이 이 모든 일을 가능하게, 그리고 가치 있게 만들었다. 그리고 마지막으로 귀여운 딸 애슐리^{Ashley}는 어린이들과 청소년들의 사고방식과 패턴을 이해할 수 있게 해주었다. 때로는 프레젠테이션에 우리 가족의 이야기를 고스란히 밝히는 통에 애슐리가 당황스러워하긴 했지만, 그래도 딸아이와 조카들의 행동 패턴을 관찰하면서 요즘 젊은이들의 적극활동층에 대해 정확히 파악할 수 있었다.

지금까지 도움을 준 모두에게, 그리고 가족과 친구들에게 사랑의 마음을 전하며, 기쁠 때나 슬플 때나 항상 함께하기를 바란다.

참고 문헌

들어가는 글

1. 통계자료출처:「프라이스워터하우스쿠퍼스 보고서(PriceWaterhouseCoopers Global Entertainment and Media Outlook): 2010-2014」

2. 비디오대여시장 통계자료출처: NPD Group.「파이낸셜타임스」의 성공적인 디지털전략에 관하여 참고할 만한 보고서: http://paidcontent. org/article/419-ft-exceeded-2009-targets-as-owner-pearson-raises- forecast/ 그리고 http://paidcontent.co.uk/article/419-financial-times- contentcharging-revs-to-overtake-print-ad-revs-this-yea/

3. 지난 18개월 동안 사업 모델 혁신에 관한 책이 많이 쏟아져 나왔다. 몇 가지 책을 예로 들면 다음과 같다. 존 멀린스John Mullins, 랜디 코미사Randy Komisar『플랜B를 계획하라(Getting to Plan B: Breaking through to a Better Business Model)』, 라플리A. G. Lafley, 마크 존슨Mark W. Johnson『빈 공간을 잡아라(Seizing the White Space: Business Model Innovation for Growth and Renewal)』, 알렉산더 오스터왈더Alexander Osterwalder, 입스 픽뉴어Yves Pigneur『비즈니스 모델의 탄생(Business Model Generation: A Handbook for Visionaries, Game Changers and Challengers)』

4. 짐 콜린스Jim Collins,『강한 기업은 어떻게 무너지는가(How the Mighty Fall: And Why Some Companies Never Give In)』(New York: HarperCollins, 2009).

5. 짐 아담스Jim Adams, 에드가 모닙Edgar Mounib, 암논 샤보Amnon Shabo,『IT로 가능해진 개인건강관리(IT-Enabled Personalized Healthcare: Improving the Science of Health Promotion and Care Delivery)』.「IBM 세계 비즈니스보고서(IBM Global Business Services Executive Report)」(2010년 4월)

6. 2004년 시작된 IBM 'CEO 연구'는 이후 2년마다 실시되고 있다. 765명의 CEO와 임원들을 인터뷰한 2006년 연구에서는 사업 모델 혁신을 한 기업이 다른 기업보다 훨씬 나은 수익을 거둔 것으로 나타났다. 2010년 실시된 최근 CEO연구의 인터뷰 대상은 1,000명이 넘었다. 'CEO 연구'의 2010년 보고서를 보려면 http://www-935.ibm.com/services/us/ceo/ceostudy2010/index.html

7. 팀 브라운의 키노트연설이 이뤄진 곳은 세계자선포럼(Global Philanthropy Forum 2010), Redwood City, CA, 4월 18-21.

8. 조지 데이George S. Day, 폴 슈메이커Paul J. H. Schoemaker, 『주변시야 (Peripheral Vision: Detecting the Weak Signals That Will Make or Break Your Company)』(Boston: Harvard Business School Press, 2006).

1장 시장세분화 segmentation

1. 시장점유율 자료 출처는 NPD Group.

2. 레드박스가 영화사에 위협이 될 수 있다는 「뉴욕타임스」 기사: http://www.nytimes.com/2009/09/07/business/media/redbox.html?_r=1

3. 로날드 프랭크, 윌리엄 매시, 욜란 윈드가 1970년대에 정의한 시장세분화는 기본적으로 소비자들이 구매 행동 패턴에 영향을 미칠 수 있는 특성과 변수를 바탕으로 만든 개념이다. 인구학적, 지리적, 사회경제적 지위, 생명주기 같은 변수는 객관적으로 관찰할 수 있지만 심리, 가치, 성격, 라이프스타일과 같은 변수는 관찰할 수 없다.

4. 소비자의 인구학적 프로필이 실제로 소비자의 구매 선택을 예측할 수 있는 유용한 도구가 될 수 있느냐 하는 문제에 대한 논쟁은 지금까지 계속되고 있다. 욜란 윈드의 1978년 논문은 시장세분화가 실제로 어떤 결과로 이어지는지에 관해 연구한 성과가 없다고 말한다. 마찬가지로 마이클 웨델Michel

Wedel, 와그너 카마쿠라Wagner A. Kamakura는 2000년 『시장세분화(Market Segmentation: Conceptual and Methodological Considerations)』 2판에서 엄격한 학문적 접근방식을 통해 인구학적 시장세분화가 실제 구매행동을 예측하는 데 아주 제한적으로(통계학적으로 의미가 없을 정도로) 작동할 뿐이라고 말한다.

5. 역사상 데이터를 바탕으로 만든 통계자료를 보려면 http://www.museum.tv/eotvsection.php?entrycode=primetime retrieved 03/03/2010

6. 경영컨설팅회사 캡제미니Cap Gemini에서 2009년 10월 발간한 자료: 자동차를 구매할 때 인터넷의 역할 http://www.us.capgemini.com/industries/ind_pressrelease.asp?IndID=16&ID=774

7. 디온 시어세이Dionne Searcey, 케이트 라인보우Kate Linebaugh, "토요타의 운명은 블랙박스 속에(Toyota Woes Put Focus on Black Box)", 「월스트리트저널」, 2010년 2월 14일 http://online.wsj.com/article/SB100014240527487 03562404575067680423734178.html

8. 무어의 카테고리는 원래 1962년 스탠포드대학 교수 에버렛 로저스Everett M. Rogers의 책 『혁신의 확산(Diffusion of Innovations)』에서 유래한 것이다. 이 책에서는 소비자들이 신제품을 구매하는 확률에 대해서 이야기한다. 무어는 이 모델을 기술 혁신을 받아들이는 수준으로 확장했다.

9. 「2010 IBM 세계CEO연구」 "복잡성에서 자본화(Capitalizing on Complexity)", http://ibm.com/ceostudy

10. 브라이언 스텔터Brian Stelter, "웹에서 코난 오브라이언 지지 물결 (On the Web, a Wave of Support for Conan O'Brian)", 「뉴욕타임스」 Mediadecoder blog, 2010년 1월 12일 http://mediadecoder.blogs.nytimes.com/2010/01/12/on-the-web-a-wave-of-support-for-conan-obrien/ 빌 카터Bill Carter, "적극적인 미디어 팬들에 의해 되살아난 오브라이언(O' Brien Undone by his Media Hopping Fans)", 「뉴욕타임스」 2010년 1월 25

일 http://www.nytimes.com/2010/01/25/business/media/25conan.html

11. 빌 카터Bill Carter, "〈투나잇 쇼〉 시청자들이 10년은 젊어졌다('Tonight Show' Audience a Decade Younger)," 「뉴욕타임스」 2009년 7월 5일 http://www.nytimes.com/2009/07/06/business/media/06late.html?_r=1

12. 디지털음악이 음악시장에서 차지하는 비율: International Federation of the Phonographic Industry http://arstechnica.com/media/news/2009/08/global-digital-music-sales-to-overtake-physical-by-2016.ars

13. 「프라이스워터하우스쿠퍼스 보고서(PriceWaterhouseCoopers Global Entertainment and Media Outlook) 2009 – 2013」, 2009년 6월

14. 실러 벤Shiller, Ben; 조엘 왈드포겔 Joel Waldfogel. "노래 부르기 위한 음악(Music for a Song: An Empirical Look at Uniform Song Pricing and its Alternatives)." Working Paper 15390. National Bureau of Economic Research [NBER], Cambridge MA, 2009.

15. 음반회사들은 전통적으로 앨범 판매를 통해서만 수익을 올렸다. 콘서트를 비롯한 다른 이벤트를 통해 벌어들이는 수익은 아티스트의 몫이다.

16. 태드 프렌드Tad Friend, "플러그드인(Plugged In)" 「뉴요커」, 2009년 8월 24일 50쪽.

17. 앤드류 클레바노Andrew Klebanow, "고객세분화에 대한 심리적 접근(A Psychographic Approach to Customer Segmentation)", Urbino.net, http://www.urbino.net/articles.cfm?specificArticle=A%20Psychographic%20Approach%20to%20Customer%20Segmentation

18. 대니얼 맥긴Daniel McGinn, 스티브 프리스 Steve Friess, "하버드에서 라스베가스로(From Harvard to Las Vegas)", 「뉴스위크」, 2005년 4월 16일. http://www.stevefriess.com/archive/newsweek/lovemanprofile.htm

19. 테스코가 고객 정보를 활용하여 시장세분화에 적용하는 방식에 대한 자세한 내용은 세실리 로웨더Cecilie Rohwedder, "영국의 1위 소매점이 월

마트를 꺾기 위해 '고객카드'를 활용하다(No. 1 Retailer in Britain Uses 'Clubcard' to Thwart Wal-Mart)", 「월스트리트저널」 2006년 6월 6일, 조지 데이 George Day, 크리스틴 무어맨 Christine Moorman, 「바깥에서 안으로 전략(Strategy from the Outside In: How to Profit from Customer Value)」 (New York: McGraw-Hill, 2010).

20. 앤드류 마틴Andrew Martin, "샘스클럽의 구매자 맞춤 할인 전략 (Sam's Club Personalizes Discounts for Buyers)", 「뉴욕타임스」, 2010년 3월 30일 http://www.nytimes.com/2010/05/31/business/31loyalty.html?scp=1&sq=Sam%27s%20Club%20and%20discount&st=cse

21. 블록버스터의 온라인 구독자가 34퍼센트 감소했다는 기록의 출처: 2009년 2/4분기 10Q: http://www.sec.gov/Archives/edgar/data/1085734/000119312509175844/d10q.htm 전체 시장에서 36퍼센트가 우편을 통한 비디오대여라는 사실은 NPD Group 자료에서.

22. 브룩스 반스Brookes Barnes, "영화사들이 급성장하는 레드박스에게 위협을 느끼다(Movie Studios See a Threat in Growth of Redbox)", 「뉴욕타임스」, 2009년 9월 7일 http://www.nytimes.com/2009/09/07/business/media/07redbox.html?_r=1&scp=1&sq=Red%20Box&st=cse

23. 위와 같은 글

2장 가격 혁신 pricing innovation

1. 제나 워트햄Jenna Wortham, "하우트 코처를 위한 넷플릭스모델 (Netflix Model for Haute Couture)", 「뉴욕타임스」, 2009년 11월 9일 http://www.nytimes.com/2009/11/09/technology/09runway.html?scp=1&sq=dresses%20and%20retnal&st=cse

2. 노벨상을 받은 심리학자 에이모스 트버스키Amos Tversky와 대니얼 카네만

Daniel Kahneman은 사람들이 자신이 가지고 있지 않은 것을 갖는 것보다 가지고 있는 것을 잃는 것을 더 두려워한다는 '손실 회피loss aversion'라는 개념을 처음 정리했다. 이후 연구들은 기존의 상품과 서비스를 새로운 상품과 서비스로 대체하기 위해서는 소비자들이 인지하는 가치나 혜택이 지금 가지고 있는 제품에 비해 두 배 이상 높아야 한다고 계산해냈다.

3. 에드윈 베이커C. Edwin Baker, 『광고와 민주언론(Advertising and a Democratic Press)』 1995, Princeton University Press, 8.

4. 에릭 대시Erick Dash, "멕시코의 억만장자가 타임에 투자하다(Mexican Billionaire Invests in Time Company)", 「뉴욕타임스」, 2009년 1월 12일 http://www.nytimes.com/2009/01/20/business/media/20times.html?scp=3&sq=Times%20and%20Real%20estate%20and%20Carlos%20Slim&st=cse

5. 헬레나 머피Helena Murphy, "구글이 지불하도록 하라(Making Google Pay: the Axel Springer Way)," 〈Editor's Weblog〉, 2009년 12월 9일 http://www.editorsweblog.org/newspaper/2009/12/making_google_pay_the_axel_springer_way.php

6. 로빈 와우터Robin Wauter, "뉴욕타임스가 2011년 유료콘텐츠 계획을 발표하다(The New York Times Announces Paid Content Plans for 2011)" 「테크크런치」, 2010,년 1월 20일 http://techcrunch.com/2010/01/20/new-york-times-metered-model-2011/

7. 콘스탄스 헤이스Constance Hays, "가격이 바뀌는 코카콜라 자판기 시험 가동(Variable Price Coke Machine Being Tested)", 「뉴욕타임스」, 1999년 10월 28일 http://www.nytimes.com/1999/10/28/business/variable-price-coke-machine-being-tested.html?pagewanted=1

36. 예를 찾아보려면: 류 메이란Liu Meilan, 후오 웨이웨이Huo Weiwei, "전자시장에서 사라지는 제품에 대한 역동적인 가격 정책(Dyanamic Pricing of

Perishable Goods in Electronic Markets)", 「International Journal of Business Strategy」, (2007년 5월); 나라하리Y. Narahari, 라주C. V. L. Raju, 라비쿠마 K. Ravikumar, 사우랍 샤Sourabh Shah, "전자제품을 위한 역동적인 가격 모델(Dynamic Pricing Models for Electronic Business)", ⟨Sādhanā⟩ 30, part 2 and 3 (2005): 231-256, 요약본은: http://jobfunctions.bnet.com/abstract.aspx?docid=242537&tag=contentcol1; 자야라만V. Jayaraman, 팀 베이커Tim Baker, "제품에 대한 역동적 가격제를 가능하게 하는 인터넷(The Internet as an Enabler of Dynamic Pricing of Goods)" 「IEEE Transactions on Engineering Management」 50, no. 4 (2003), 요약본은: http://jobfunctions. bnet.com/abstract.aspx?tag=content%3Bcol1&docid=242836&promo=100511; 호스K. L. Haws, 비어든W. O. Bearden, "역동적 가격제와 고객 공정성 인식(Dynamic Pricing and Consumer Fairness Perceptions)," 「Journal of Consumer Research」 33, no. 3 (2006).

9. 랜디 코미사, 켄트 라인백Kent Lineback, 『수도승과 수수께끼(The Monk and the Riddle: The Education of a Silicon Valley Entrepreneur)』, (Bosteon: Harvard Business School Press: 2001).

10. 반 부스커크Eliot van Buskirk, "컴스코어Comscore: 2 Out of 5 Downloaders Paid for Radiohead's 'In Rainbow' (Average Price $6)," 「와이어드」, 2007년 11월 5일, http://www.wired.com/listening_post/2007/11. comscore-2-out/

11. 브라이언 스피어Brian B. Spear, 마고 히스-치오찌Margo Heath-Chiozzi, 제프리 허프Jeffrey Huff, "약물유전학의 임상학적 적용(Clinical Application of Pharmacogenetics)," 「Clinical Trends in Molecular Medicine」 7, no. 5 (2001)

12. 제이콥 골드스타인Jacob Goldstein, "처방약물의 효과에 따른 지불, 효과 없으면 공짜(Pay for Performance of Prescription Drugs, Or Maybe Not)", 「월

스트리트저널」, 2009년 4월 23일 http://blogs.wsj.com/health/2009/04/23/pay-for-performance-for-prescription-drugs-or-maybe-not/

13. 2007년 닐슨Nielson은 가구당 시청하는 채널 수를 조사하여 발표했다. 이 연구결과의 보도 내용: 리차드 허프Richard Huff, "일반인들은 평균적으로 15개 채널만 본다(Average Joe See Just 15 Channels)," 「New York Daily News」 2007년 3월 20일, http://www.nydailynews.com/entertainment/tv/2007/03/20/2007-03-20_average_joe_sees_just_15_channels-1.html

14. 2007년 8월 30일 이후 하나로TV의 성공적인 고객확보전략에 관한 보도는 CelrunTV 웹사이트에서: http://www.celruntv.com/news_view.asp?bco_seq=45

15. 게리 김Gary Kim, "휴대전화 광고가 통신사업자의 매출에서 1%가 될 것인가? 20%가 될 것인가?(Will Mobile Advertising be 1% or 20% of Service Provider Revenue?)" 「Mobile Marketing and Technology」 2010년 5월, http://www.mobilemarketingandtechnology.com/tag/cable-advertising/

16. 「시스코 비주얼네트워킹연감(CISCO Visual Networking Index)」, 2009년 6월.

17. "레드박스 자동대여기가 넷플릭스의 경쟁자로 떠오르다(Redbox's Vending Machines Are Giving Netflix Competition)," the Associated Press, 2009년 6월, http://www.nytimes.com/2009/06/22/business/media/22redbox.html?sq=RedBox&st=cse&adxnnl=1&scp=2&adxnnlx=1257966075-FxUK4i8EabnQwiw3Ej4oZA

18. 통계자료출처: Digital Entertainment Group.

19. 마이클 씨플라이Michael Cieply, "레드박스 자동대여기에 영화사 스파이가 침투하다(Studios Spying on Redbox Kiosks)," 「뉴욕타임스」 2009년 11월 17일: http://mediadecoder.blogs.nytimes.com/2009/11/17/studios-spying-on-redbox-kiosks/?scp=1&sq=redbox%20and%20studios&st=cse

20. 돈 크미류스키Dawn C. Chmielewski, "레드박스가 유니버설스튜디오/20
세기폭스와 타협점을 찾다(Redbox Reaches Settlement with Universal
Studios/Twientieth Century Fox)", 「LA타임스」, 2010년 4월 22일, http://
latimesblogs.latimes.com/entertainemntnewsbuzz/2010/04/redbox-reaches-
settlement-with-universla-studios-twentieth-century-fox.html

21. 한나 엘리옷Hannah Elliott, "시간당 자동차렌탈에 대한 찬반 논란(Pros
and Cons of Hourly Car Rentals)," 「포브스」, 2009년 8월 19일. http://
www.forbes.com/2009/08/19/hourly-car-rentals-lifestyle-vehicles-zipcar-
rent-cars.html

22. 위와 같은 글

23. 슈왑의 사업 모델실험에 관한 사례 연구는: http://www.docstoc.com/
docs/17234565/IT-and-Organizational-Change-in-Digital-Economies-
A-Soco

24. 스콧 커스너Scott Kirsner, "리부팅(Reboot: Charles Schwab & Company),"
「와이어드」 1999년 11월, http://www.wired.com/wired/archive/7.11/
schwab_pr.html

3장 지불자 혁신 payer innovation

1. 세계광고매출액에 대한 통계자료출처: 「프라이스워터하우스쿠퍼스 보고
서(PriceWaterhouseCoopers Global Entertainment and Media Outlook)
2010-2014〉

2. 핀란드 통신회사 블릭은 영국의 오렌지Orange나 O2와 같은 이동통신회사
에서 휴대전화 사용 시간을 임대하여 고객에게 재판매하는 이동통신가상네
트워크운영자(mobile virtual network operator: MVNO)이다. 블릭은 자체
인프라스트럭처는 전혀 가지고 있지 않다.

3. 제임스 미들턴James Middleton, "오렌지콜이 휴대전화 광고 계획을 발표하다(Orange Calls Shots with Mobile Advertising Plan)", Teclcoms.com, 2010년 1월 26일, http://www.telecoms.com/17593/orange-calls-shots-with-mobile-advertising-plan/

4. 비키 울란스턴Vicky Woollanston, "옥스포드대학이 스포티파이를 금지하다(Oxford University Bans Spotify)," 「Web User」, 2010년 1월 17일, http://www.webuser.co.uk/news/top-stories/438937/oxford-university-bans-spotify

5. IBM 2010년 보고서, 「IBM 디지털고객설문조사(IBM 2010 Global Digital Consumer Survey」, sample size of 3300.

6. 「프라이스워터하우스쿠퍼스 보고서 2010-2014」

7. 「베로니스 슐러 스티븐슨(Veronis Suhler Stevenson)」 2009 Communications Forecast.

8. MediaPost News, Online Media Daily, "리포트: TV들은 훌루를 경계해야 한다(Report: TV Networks Should be Afraid – Very Afraid – Of HULU)," 2009년 9월 14일, http://www.mediapost.com/publications/?fa=Articles.showArticle&art_aid=11340

9. 마이크 로벅Mike Robuck, "훌루, 아이패드, 엑스박스를 통해 유료화에 나서다(Hulu Headed Toward Pay Model, iPad, Xbox)," 「CED」, 2010년 6월 9일, http://www.cedmagazine.com/News-Hulu-pay-model-iPad-Xbox-060910.aspx

10. "월마트, 인트라TV 네트워크에 풀스크린 모니터를 더하다(Wal-Mart Adding Flat-Screen Monitors for In-store TV Net)", 「Retail Merchandiser」 2004년 11월 9일.

11. 블릭의 광고 전송 방식에 대한 자세한 내용과 2009년 하반기 사업전략에 관한 자세한 내용은 Yankee Group의 보고서를 보라. http://about.blyk.com/

wp-content/uploads/Yankee-Group-on-Blyk-report1.pdf

12. 페이Joe Fey, "프로그레시브의 운전한 만큼 내는 자동차보험이 보험업계를 밀어내다(Progressive's Pay-as-You-Drive Auto Insurance Poised for Wide Rollout)," Insure.com, 2000년 7월 18일. http://faculty.msb.edu/homak/HomaHelpSite/WebHelp/Progressive_Autograph_GPS.htm; 그레이그 해리스Craig Harris, "맞춤 자동차보험(Customizing Car Insurance)", 「Candian Underwriter」, 2006년 6월, http://www.canadianunderwriter.ca/issues/story.aspx?aid=1000204537&type=Print%20Archives

13. 앤드류 아담 뉴먼Andrew Adam Newman, "항공사와 호텔체인을 위한 꿈(A Dream for an Airline and a Hotel Chain)", 「뉴욕타임스」, 2009년 12월 20일, http://www.nytimes.com/2009/12/21/business/media/21adco.html?em

14. 프레드릭 발포Frederick Balfour, 리나 자나Reena Janna, "올림픽 스폰서가 얼마나 효과가 있을까?(Are Olympics Sponsorships Worth It?)" 「비즈니스 위크」, 2008년 7월 31일, http://www.businessweek.com/globalbiz/content/jul2008/gb20080731_125602.htm

15. 폴 갤라허Paul Gallagher, "음반협약이 EMI를 뒤흔들다(Record Deal Will Keep EMI Rocking)," 「The Scotsman」, 2002년 10월 3일, http://news.scotsman.com/robbiewilliams/Record-deal-will-keep-EMI.2366213.jp

16. 루시아 모지스Lucia Moses, "잡지들이 아이패드 물결을 타다(Magazines Primed to Ride iPad Wave)," 「Media Week」, 2010년 4월 2일, http://www.adweek.com/aw/content_display/news/e3i0c298f35062573aa973223b4495a62b1

17. 쉬라 오비드Shira Ovide, "아이패드 잡지 썰즈에 꽝고주들이 모여들나(Advertizers Break Out Check Books for iPad Magazine Ceals)," 「월스트리트저널」, 2010년 3월 25일. http://blogs.wsj.com/digits/2010/03/25/advertisers-break-out-checkbooks-for-ipad-magazine-deals/

18. 마이클 애링턴Michael Arrington, "닝 CEO 지나 비앙치니 인터뷰: 우리의 경쟁상대는 페이스북이 아니다(Davos Interviews: Ning CEO Gina Bianchini Insists Facebook Isn't a Competitor)," 「테크크런치」, 2010년 2월 3일. http://www.techcrunch.com/2010/02/03/davos-interviews-ning-ceo-gina-bianchini-insists-facebook-isnt-a-competitor

19. 제이슨 킨케이드Jason Kincaid, "닝의 거품이 꺼지다(Ning's Bubble Bursts: No More Free Networks, Cuts 40% of Staff)" 「테크크런치」, 2010년 4월 15일, http://techcrunch.com/2010/04/15/nings-bubble-bursts-no-more-free-networks-cuts-40-of-staff/

20. "넘쳐나는 광고, 클릭하는 사람은 없다(So Many Ads, So Few Clicks)", 「비즈니스위크」, 2007년 11월 12일, http://www.businessweek.com/magazine/content/07_46/b4058053.htm retrieved 07/22/2010

21. 제이슨 킨케이드Jason Kincaid, "트위터, 월드컵결승전, 가장 많은 트윗이 전송되다(Twitter: The World Cup Final Was our Most Tweeted Event, Ever)" 「테크크런치」, 2010년 6월 16일. http://techcrunch.com/2010/07/16/twitter-the-world-cup-final-was-our-most-tweeted-event-ever/

22. 트윗의 빈도와 효과에 관한 웹사이트 모니터링 회사가 올린 블로그 포스트: http://royal.pingdom.com/2009/11/13/in-depth-study-of-twitter-how-much-we-tweet-and-when

23. 스펜서 안트Spencer Ante, "콘텐츠 검색으로 트위터 수익을 만나다(Content-Search Deals Make Twitter Profitable)," 「비즈니스위크」, 2009년 12월 21일. http://www.businessweek.com/technology/content/dec2009/tc20091220_549879.htm

24. 라후람 이엔그램Raghuram Iyengarm, 상만 한Sangman Han, 수닐 굽타 Sunil Gupta, "소셜네트워크의 친구들이 영향을 미치는가?(Do Friends

Influence Friends in a Social Network?)" working paper, Harvard Business School, Boston, 2009, http://hbswk.hbs.edu/item/6185.html

25. 마이클 애링턴Michael Arrington, "그루폰이 12억 달러 가치의 거대한 새 판을 짜다(Groupon Raises Huge New Round at $1.2 Billion Valuation)", 「테크크런치」, 2010년 4월 13일, http://techcrunch.com/2010/04/13/groupon-raises-huge-new-round-at-1-2-billion-valuation/

26. 통계수치는 개닛의 「2009 연간보고서」에서: http://phx.corporate-ir.net/External.File?item=UGFyZW50SUQ9MzcwMjg0fENoaWxkSUQ9MzY3NTYxfFR5cGU9MQ==&t=1

4장 패키지 혁신 package innovation

1. 베스트바이가 서비스 부문에서 얻는 수익구조는 「2009년 연간보고서」에서 참조. 서비스 부문에는 제품보증까지 포함한다.

2. 휴대전화 벨소리와 게임을 판매하는 징기Zingy의 CEO 파브리스 그린다 Fabrice Grinda의 말

3. 스타워즈 웹사이트에서 2009년 10월 게임 개발자를 발표했다. http://www.starwars.com/theclonewars/news20091012/index.html

4. 브룩스 반스Brooks Barnes, "디즈니 판매계획은 매장 안 테마파크(Disney's Retail Plan Is a Theme Park in Its Stores)", 「뉴욕타임스」, 2009년 10월 13일., http://www.nytimes.com/2009/10/13/business/media/13disney.html

5. 이에 대한 사례는 제임스 폰넬라-칸James Fontnella-Khan, 에이미 카즈민 Amy Kazmin, "SKS소액금융플랜이 상장을 통해 3억5,000억 달러 자본을 모으다(SKS Microfinance Plans to Raise $350m in IPO)", 「파이낸셜타임스」, 2010년 7월 20일, http://www.ft.com/cms/s/0/1879f6e4-9422-11df-a3fe-00144feab49a.html

6. 2008년 상반기에 대비한 2009년 상반기 Publisher's Information Bureau의 광고 판매에 관한 데이터.

7. 스테파니 클리포드Stephanie Clifford, "이제 잡지가 맞춤 광고를 만든다 (Magazines Now Create and Customize Ads)," 「뉴욕타임스」, 2009년 9월 3일 http://www.nytimes.com/2009/09/04/business/media/04adco. html?scp=3&sq=magazine%20and%20Lexus&st=cse

8. 구글은 최근 비아콤Viacom이 제기한 소송의 약식판결에서 승리했다. 비아콤은 구글이 사용자들이 전문적인 콘텐츠를 포스팅할 수 있도록 허용함으로써 저작권법을 위반했다고 주장했다. 요청이 있을 때 구글은 콘텐츠를 내리기 때문에 문제될 것은 없다고 판사들은 판단했다. 에릭 숀펠드Erick Schonfeld, "유튜브가 비아콤소송에서 승리를 선언했다(YouTube Declares Victory in Viacom Case)," 「테크크런치」, 2010년 6월 23일, http://techcrunch.com/2010/06/23/youtube-declares-victory-in-viacom-case/

9. 베터플레이스와 샤이 아가시에 관한 재미있는 기사를 보려면: 「비즈니스위크」의 아가시 프로필과 「뉴요커」의 전기차 제조사 테슬라Tesla에 관한 기사를 보라. 테슬라는 베터플레이스에 비해 훨씬 고급스러운 전기차를 만든다. 햄Steve Hamm, "전기차 산성테스트(The Electric Car Acid Test)", 「비즈니스위크」, 2008년 1월 24일, http://www.businessweek.com/magazine/content/08_05/b4069042006924.htm; Tad Friend, "It's Electric!" 「뉴요커」, 2009년 8월 24일 http://archives.newyorker.com/?i=2009-08-24#folio=050 (유료구독자만 볼 수 있음)

10. 네스프레소는 웹사이트에 시장점유율 성장 추이를 보도자료로 올려놓았다. http://www1.nespresso.com/mediacenter

11. 허쉬버그Lynn Hirschberg, "뱅크세이블(Banksable)", 「뉴욕타임스」, 2008년 6월 http://www.nytimes.com/2008/06/01/magazine/01tyra-t. html?pagewanted=all

12. 페레티Peretti, "국가(The Nation)", 2001년 4월 9일, http://www.thenation.
com/doc/20010409/peretti

13. 예컨대 그린피스Greenpeace는 불법으로 추정되는 야자농장에서 생산한 야
자기름을 사용한 것에 대하여 2010년 '반 네슬레 캠페인'을 벌였다. 이 캠페
인에서 킷캣KitKat을 네슬레 전체를 대신하는 브랜드로 활용했다.

5장 혁신을 시작하기 전에 launching innovation

1. 에스프레소북머신Espresso Book Machine의 자동 출판 기능은 라이트닝소스
와 제휴를 통해 이뤄진다. 에스프레소를 이용해 라이트닝소스 플랫폼에 접
속하여 데이터를 입력하고 에스프레소가 자동으로 인쇄하고 제본하여 책을
만들어낸다.

2. 클레이튼 크리스텐슨 『혁신 기업의 딜레마』(Boston: Harvard Business
School Press, 1997); 클레이튼 크리스텐슨, 『혁신의 해법(The Innovator'
s Solution: Createing and Sustaining Successful Growth)』(Boston: Harvard
Business School Press, 2004).

3. 피터 코르벳Peter Corbett, "2010 페이스북의 인구학적 통계 보고(Facebook
Demographics and Statistics Report 2010—145% Growth in 1 Year)",
iStrategyLabs blog, 2010년 1월 4일, http://www.istrategylabs.com/2010/01/
facebook-demographics-and-statistics-report-2010-145-growth-in-1-
year;; 저스틴 스미스Justin Smith, "페이스북에서 가장 빠르게 늘어나는 사
람은 55세 이상 여성(Fastest Growing Demographic on Facebook: Women
over 55)", 「Inside Facebook」, 2009년 2월 2일, http://www.insidefacebook.
com/2009/02/02/fastest-growing-demographic-on-facebook-women-
over-55/

4. 보고서를 볼 수 있는 곳: http://www.pewinternet.org/Reports/2010/Mobile-

Access-2010.aspx

5. 소비자물가 민감도에 대한 데이터출처:「IBM 2010 디지털고객설문조사」

6. 애비 그리핀,『NPD성공의 요인(Drivers of NPD Success: The 1997 PDMA Report)』(Mount Laurel, NJ: PDMA Association, 1997).

인덱스